照
道

アップデートする仏教

GS
幻冬舎新書
320

はじめに

のっけから脅し文句を言うようだが、これから読者の皆さんはこれまで聞いたことがないような仏教の話を耳にすることになる。

わたしと山下良道さんはこの対談の中で、自分たちの周りにある日本の伝統的仏教、二人がアメリカやビルマ（ミャンマー）で体験した海外の仏教、そして自分たちがいま現在開拓しつつある仏教、という「バージョン」の違う三つの仏教のことを「仏教1.0」「仏教2.0」「仏教3.0」という聞きなれない新造語を持ち出して縦横に語っている。そういう大胆なくくり方をしてみると今自分たちがやっていることの意味や日本の内外での仏教の風景が面白いくらいくっきり浮かび上がってくるのだ。二人ともこのアイデアに沿ってわくわくしながら話を進めていった。

それぞれのバージョンの仏教がどのような内実を持っているかは本文で詳しく語られているが、今大雑把に言ってしまうと、「仏教1.0」は現在いろいろと批判にさらされている日本の仏教を指す。その特徴は形骸化、つまり外見だけを残して実質的な意味を失っているかに見えるところにある。「仏教2.0」はここ十数年の間に日本に定着してきた外来の仏教（われわれは主にテーラワーダ[*1]仏教を念頭に置いている）を指す。その特徴はメソッド化、つまり仏教を問題解決の方法として提示しているところにある。「仏教1.0」が心の苦しみを解決する具体的で有効なやり方をほとんど説かないのに対し、「仏教2.0」は「心を観察する」という仏教独特の方法をきちんと説いて、それによって人生万般の問題を解決できると公言するからその語り口には大きな違いがある。

日本では現在、われわれが言うところの「仏教1.0」の縄張りの中に「仏教2.0」がどんどん進出しつつある。そこにはそれなりの必然性があることは間違いないし、ある意味では仏教にとってこれまでにない非常に面白い状況になっている。われわれは「仏教1.0」の問題点についてかなりシビアな批判を行い、「仏教2.0」がなぜ人々の支持を得ているのか、その理由についても論じた。

しかし、話はここで終わりではない。われわれはこの二十年ほど、それぞれ独自に仏道の参究をしてきたにもかかわらず、いまは驚くほど類似した立場に辿り着いている。それは「仏教1.0」も、また「仏教2.0」をも批判的に乗り越えているので、今回それを仮に「仏教3.0」と呼んで、その詳細についてじっくり話し合うことができた。その「仏教3.0」の立場から、「仏教2.0」の抱える本質的な限界のことや、またそれをどう克服するのかということについても話し合った。だからこの対談は、「仏教1.0」に満たされないものを感じている人にも、また「仏教2.0」で行き詰まっている人たちにも、「仏教3.0」を提示することで新たな扉を開いてもらうことを目論(もくろ)んで行われたのである。それが果たして成功したかどうかは、読者の判断にゆだねることにしたい。

「仏教3.0」の本質的な部分はわれわれが新しく言い出したことではなく、実はブッダや道元がもともと説いていたことに他ならない。それが「仏教1.0」や「仏教2.0」に頽落(たいらく)している現実があるからあえて「仏教3.0」としてアップデートした形でよみがえらせなければならないのである。「これまでの仏教」から「これからの仏教」へのアップデート、それがわれわれ二人が細々ながら、これからベストを尽くしてやろうとしていることである。この本はそんな二人の「仏教3.0」マニフェスト（宣言）第一号なのだ。

山下良道さんとわたしは、二人とも学生上がりの在家修行者で一九八二年に兵庫県美方郡の

＊1――テーラワーダ仏教……上座部仏教、南方仏教とも呼ばれる仏教の伝統で、パーリ語仏典に依拠する。スリランカ、タイ、ビルマ、ラオス、カンボジアなどで信奉されている。

山中にある禅の修行道場、[*2]紫竹林安泰寺に入山し、翌年四月八日に一緒に出家得度して曹洞宗の僧侶となった。かれとわたしはそこで同じ雲水仲間として同じ釜の飯を食った、いわば「同期の桜」である。わたしは一九八七年から、師匠の命を受けて、アメリカ合衆国東部、マサチューセッツ州の西のはずれの林の中にある小さな坐禅堂、[*3]パイオニア・ヴァレー禅堂に住持として住み始めた。翌年、かれもまた安泰寺からその禅堂にやってきて、三年間修行生活をともにした。

その後、良道さんはイタリアへ渡った師匠の下へ赴き、われわれはそれぞれの道を歩むこととなった。わたしはパイオニア・ヴァレー禅堂にとどまり、家族を持ち、約十七年半禅堂で暮らした後、二〇〇五年に日本に帰ってきた。葉山にある別荘の住み込み管理人をしながら、敷地の中にある観音堂を坐禅の道場として使わせてもらい、実験的な坐禅会を主宰して現在に至っている。二〇一〇年からはサンフランシスコにある曹洞宗国際センターの所長として単身で日米を往還している。

一方、良道さんはイタリアでの修行の後、日本に帰り、京都園部の京都曹洞禅センター、高知の渓声禅堂を経て、曹洞宗から離れ、ビルマに渡り正式の比丘スダンマチャーラとしてパオ長老の下で四年間「パオ・メソッド」の研鑽を積んだ。二〇〇六年に帰国、鎌倉・稲村ヶ崎の一法庵に住み、独自に編み出した「ワンダルマ・メソッド」を国内だけでなく海外においても教えている。

　われわれ二人が一緒に得度してから三十年という時間が過ぎようとしているいま、ありがたい仏縁に導かれて、二人が膝を突き合わせて仏教について本音で語る対談が実現した。わたしも良道さんも海外での修行生活にピリオドを打って帰国した（かれはビルマから、わたしはアメリカから）のはほぼ同じころだったし、腰を落ち着けたのも鎌倉と葉山という近距離で同じ湘南の地であった。以来、ときどき訪ねたり訪ねられたりして雑談を交わしていたので、わたしは良道さんが曹洞禅とテーラワーダ仏教をそれぞれの本場で実践的に学び、さらにはチベットのリンポチェたちとの交流を通して何か大変興味深いところに着地していると感じていた。だから、いつかチャンスがあったらきちんとかれの話を聞いてみたいと思っていたのである。

　対談は良道さんの寓居でもあり道場でもある鎌倉の一法庵で行われた。ここはかれの父上が将来の息子の活動の拠点として建てた普通の家で、わたしは昔、ここを根城にして鎌倉市内へ托鉢に出かけさせてもらったことがあった。また鎌倉はわたしが初めて坐禅をした因縁の場所

＊2―紫竹林安泰寺……兵庫県美方郡新温泉町にある曹洞宗の禅道場。
＊3―パイオニア・ヴァレー禅堂……一九七〇年代初頭、安泰寺から渡米した僧侶たちと地元の禅グループが創設した坐禅堂。マサチューセッツ州西部の林の中にある。

（円覚寺居士林）でもある。今回こうしてそこでお互いが来し方を振り返りながら、長年の法友として時間をかけてじっくり仏教の話ができたことは本当に感慨無量と言うしかない。

　この本の中のどこか一部でも、これから仏教を学ぼうとしている人、いま仏教を学んでいる人、かつて仏教を学んだが失望、絶望して離れた人、さらには仏教にまったく関心のなかった人にとって、なんらかの形で参考になることがあるとすれば望外の喜びである。合掌

藤田一照

アップデートする仏教／目次

第一章　僕たちはなぜ安泰寺で出会ったか？

変わり種の二人?

一照　僕も良道さんも、いま一応は僧侶として日本の社会で生きているわけだけど、どちらも変わり種といえばそうとうに変わり種かもしれない。二人とも、生まれたのがお寺だったとか、特に仏教の信仰に篤い家だったというわけでもないのに、成長してものを考えるようになったときに仏教に出合った。そして、仏教を自分の人生の指針、導き手としてずっと学びつつ生きていきたいという、仏教的にいうと発願(ほつがん)、発心(ほっしん)をして仏教に関わるようになった。

その後、僕らが初めて出会うことになった「安泰寺」という修行道場での生活にしても、それからそこを出てから後の経過にしても、日本の普通のお坊さんとはかなり違った経路を経て現在に至っているんだけど、われわれの場合、いやおうなくそうならざるを得なかった、というところがある。

良道　本当に考えてみると早いもので、もう三十年が過ぎたんですね。われわれが通ってきた道筋というのは、いま一照さんが言われたように、かなり特殊だと思うけれど、その辿ってきた道の風景を詳しく話していくと、たぶん多くの人にも参考になると思うんですよ。

三十年前、私はどうしてもやりたいことが明確にあってこういう世界に飛び込んだわけです。飛び込んでからしばらくすると、自分がやりたいことと、実際の仏教界の現状とがかなりずれているのが見えてしまった。そこで自分がどうしてもやりやすい場所がどこかにないだろうかと探しているうちに、あちこち場所を変えていかざるを得なかった。その遍歴の最初として、まずわれわれは日本を飛び出してアメリカに行くことになったわけです。

その後、一照さんはそのまま十八年近くアメリカに滞在し続けたけれど、わたしのほうはアメリカに三年滞在した後、いったん日本へ戻ってきていろいろやっていくうちに、二十一世紀に入ったころ結局もう一回アジアの仏教国へ行かざるを得なくなった。そこで約五年を過ごしてまた日本に戻ってきていまに至っています。

自分たちが置かれた仏教の現状の中で、自分がどうしてもやりたいことを、まあ必死にやってきたわけだけど、その結果として何かいまの仏教の状況というのが非常にきれいに見えてきた。わたしたちが触れてきたのは日本の仏教だけじゃなくて、アメリカやヨーロッパで盛んになりつつある西洋仏教や、東アジアの大乗仏教、東南アジアのテーラワーダ仏教、それからネパールやブータンにひろがるチベット仏教、インドの新しい仏教徒たち、いわば現在地球上のほぼすべての仏教といってもいいかもしれません。そこで見聞してきたことなんかを背景にしていろいろ話ができたら、非常に多くの人に役に立つのではないかなと思います。

一照　良道さんが三十年前にやりたいと思ったことというのは、どういうことだったの？　たとえば、いま仏教を学びたいと思った人はどうするかというと、まず本屋に行って本を探すか、どっかのカルチャーセンターに行って、これはという講座を取ったりするわけですよね。僕らも本は読んだけど、次に取ったステップは、実際に修行生活を送っている場所へ生活ぐるみ飛び込んだわけだね。

どちらもその前は学生で、良道さんは大学を卒業して間もなく行ったし、僕の場合は大学院生をやっている最中に中退して飛び込んだから、いわゆる「実社会」には出てない。就職活動や就職ということをまったく経験せず、つまり、「シャバのメシ」を食わずに、いきなり二十四時間修行している「安泰寺」というこれまた一風変わった寺へ飛び込んじゃった。安泰寺に何年いても別に僧侶資格も何にもつかない。まあ、一応は曹洞宗という教団の僧侶にはなったけど、二人とも別に寺の住職になるつもりもないし、お寺に入って職業としてお坊さんをするつもりもなかった。ただお坊さんになって、一生、誰にも文句を言われず純粋に修行をしようと思っていた。

その先に何が見えていたかというと別に具体的なプランがあったわけでもない。とにかくできる限り長く、そこで得心が行くまで修行したい、その先はなりゆきにまかせよう、というつもりだった。後でいろんな人から言われたけど、そういうふうにしてお坊さんになるのは、日本ではとても「変わっている」らしい。わたしはある臨済宗の老師の勧めで曹洞宗の安泰寺に辿り着いたんだけど、われわれ二人があのとき安泰寺で出会ったというのは、たぶんそこ以外に自分のやりたい仏教の学び方ができる場が日本にはなかったということなんだろうね。

　これは、安泰寺を出てわかったことなんだけど、どうやら日本の仏教の主流においては、仏教を教える人も学ぶ人もまともに仏教のメッセージを信じていないみたいだね。建前としては信じているようにふるまっているけど、本音のところではまったく信じていない。特にお坊さんにそういう人が多いんじゃないか。しかもそのことすら自覚できていないんじゃないかという気さえする。たとえば曹洞宗なら「坐ったら即、それが仏である」と言うけど、そんなことまともに信じて坐っている人がどれくらいいるのか。その証拠にお坊さんの集まりでそれをまじめに取り上げて問題にしたり議論したりしているのを安泰寺以外では見たことがないです。ちゃんと解決がついているのならいいんだけど、そうじゃなくて、どうやらそんなことはどうでもいいことらしい。まったく気にならないらしい。とにかく言われる通りに坐っていれば事はすむ。只管打坐（しかんたざ）だからね（笑）。

　お坊さんが教義上や修行上の問題で侃々諤々（かんかんがくがく）の真剣な議論をしているの見たことある？　安泰寺ではよくやったでしょ。

良道　そう、やってたね。わたしも日本の他のお寺では見たことないですね。

一照　だから、何もわからなくても、言われたことを黙ってこなしていれば、周りもそれでいいし、本人もそれですんでしまう。お坊さんとしてそれらしいことはできるけど、それが何を意味しているのか、なぜそうでなければいけないのかということがまったくわからないままやっている。本人もそれでいいと思っていて、それ以上の参究も、ましてや信仰や修行の深まりが必要だなんて感じていない。この悲しいまでの形骸化、これが日本の仏教の現場で起きている一番の問題だと思うんですよ。これじゃあ、衆生からの要望に応えられるわけない。本人が仏教を生きようとしてないんだから。自分の人生の問題と仏教とがまったくかみ合っていない。

良道　そこをかみ合わせようとしたわたしたちみたいな人間が安泰寺に行き着いたのは、そういう状況からすると必然的なことだった。人生の問題を解決するために仏教の門をたたいたわれわれの要望に応えられるのは、日本ではもうあそこしかなかったのではないかな。あそこは少なくとも教える人も学ぶ人も自分たちのやっていることを本気で信じていたのではないですか。大自然の中で坐禅を中心にした生活をする。それを切実に自分の問題として参究しようという場だったですからね。もっともそうでなければ、とても長くいられるようなところじゃなかった（笑）。

一照　その通り（笑）。だから安泰寺の生活を外から眺めている人たちは「あそこは厳しいでしょう。よく我慢できますね」などと的外れな感心の仕方をするけど、そりゃ、体力的にも精神的にも相当きついことは間違いないけど、それはこっちが望むところだから僕は「それも含めて楽しいですよ」って言ってました。僕から見たら町の暮らしのほうがよほど厳しいんじゃないかって本気で思ってましたからね。

良道　だから結局、われわれは最初からやりたいことがはっきりしていた。そのやりたいことをできる場所、しやすい場所を求めていた。それもそこに腰を据えて二十四時間できる場所。だけど、そういう場所はなかなか見つからない。ようやく見つかったと、喜んだことはあっても、結局そこにもずっと長くいられるわけではなかった。だから自分が目指すものを実現しやすい場所を求めて、世界中を移動し続けたのだけれど、最後になって、そういう場所が地球上にないのだったら、自分たちで作っていくしかない、というのがわれわれが達した結論ですね。それで現在お互いに自分の場所をゼロから作りつつあるという段階なんです。

日本の仏教では修行すると怒られる！

一照　日本の仏教では修行すると怒られる、という変なことがある。「修行、修行」と熱心にやってると、お坊さんからも一般の人からも煙たがられるというか浮いちゃうことになる。変人扱いされる。普通、日本で仏教というと三つくらいのサブグループに分けられる。まず第一のグループは、いわゆるお坊さんの仏教。職業として葬式や法事をやっている人がになっている仏教と言うのかな。多くの人にとって仏教と言われたときにまず浮かぶのは、たぶん葬式や法事を取り仕切っている仏教の専門家としてのお坊さんの姿だろうと思う。僕も禅に出合うまでそう思ってたから。仏教っていうのはああいう人たちがやってることだと、仏教を向こう側に見てましたね。社会習俗化している、慣習としての仏教、そのにない手というのがお坊さんだろうと思っていた。

で、後になって仏教に関心を持って仏教書を読んでみると、仏教を対象的に学問として研究している人たちがいるということがわかった。それが第二のグループ、つまり、「仏教学者」と言われた人たちがになっている仏教。僕らがとうてい読めないようなチベット語の経典とかパーリ語の経典とか、漢訳仏典とかを語学力を生かして専門的に勉強しているような人たちですね。

でもたいていの場合、仏教を対象的に文献として研究している人たちの研究は、僕から言わせるとほとんどのものは重箱の隅をほじくるような、果たして僕の生き方とどう関係するんだろうと思うようなものが多いんですよ。この経典はこの経典と影響関係があるとかないとかって、それは学問としては確かに貴重な労作だとは思うけど、僕にとっての意味ってあまり感じられないんですね。それはやっぱり葬式や法事を主流にしている慣習化された仏教が、僕にとってどうもピンとこないというのと同じです。

第三のグループは、「ありがたい法話」に反映されてるような仏教です。道徳の話、人生訓みたいなお説教仏教。いろんなところで開かれている仏教の「法話会」みたいなところで耳にする仏教の「お話し」、これも僕にはあまりピンとこないんですね。人情というか常識に迎合しているような感じでどうも好きになれない。「ああ、いいお話しでした」、それでおしまい。そういうものっていざとなったら何の役にも立ちそうにない。毒にも薬にもならない話でお茶を濁してるような……。

じゃあ、その三つで仏教って終わりなのかということになるんだけど、どうもそうじゃないらしいということで僕が見出したのは、要するに「修行している仏教」だったんです。たまたまある人に言われて飛び込んだ、禅の修行道場でなされているような仏教です。

考えたら、ブッダも一生修行者として生きたわけで、開祖の人がそうだったのなら、その後を継いでいくというのは、ブッダを仰ぎ見ながら、その生き方をモデルにして生きていくというのが本来の仏教じゃないか。そういう仏教が自分にはピンときたんです、当時の僕には。

それが残念ながら日本じゃ、そういう仏教にはなかなかお目にかかれないわけですよね。ほとんどの場合は、いま言った三つのカテゴリーに入る仏教しか、眼に入らない。僕らがパッと見たときには、それ以外の仏教はなかなか見えてこないというのが現実じゃないですかね。たまたま僕はラッキーで、いろいろなご縁の導きで安泰寺というそれ以外の仏教をやっているところに辿り着けたんです。

でも、安泰寺でもいつまでもいられるわけじゃないから、じゃ、そこを出た後はどうするかということになりますよね。そういう場がないんだったら、良道さんがいま言ったように、自分でやっていくしかないから、いずれ一人で修行生活を続けられるような場を開拓してやっていくのかな、とは漠然と思ってました。

良道　私の場合は、自分の中に解かなきゃいけない課題というのがもう逼迫(ひっぱく)していた。だから仏教という自分の外に客観的に存在している何か、たとえばお寺がどうのとか、お経がどうのとか、それの学問的な意味がどうのとかということに気を配る余裕すらなかった。

だから、喩(たと)えて言えば、医療の現場というものがあって、その客観的な状況はこうなっている、というようなことは自分にはあまり興味がなくて、それよりかその医療現場に、自分の重たい病気の治療法が果たしてあるかどうかだけが、唯一の関心事だった。だけれども、ほとんどの場所でその治療法が見つからなかった。もちろん、医療現場とは宗教の現場のことを言っているのだけれど、ほとんどの宗教が自分の病気に効く治療法を明確には与えてくれない中で、どうも仏教の伝統にある坐禅とか瞑想というものの中に、自分の病気を治してくれるものがあるらしいということが明確に見えてきた。だったら、それを実際にやっている場所に飛び込んでいくしかないだろうなあということですね。

一照　さっきの「修行すると怒られる」というのは、修行するバージョンの仏教というのは、いま言った三つの中にはないわけですよ。葬式、法事を主体にしているところでそれをやるのはいろいろまずいことになってしまう。檀家さんから突き上げを食らうとかね。お寺であんまり坐禅会を熱心にやると「われわれをないがしろにしている」と言って檀家さんから文句が出るという話を聞いたことがある。坐禅会に来ているのは、たいていの場合ほとんどが檀家さんじゃないんだね。それから文献的に仏教を研究している人たちは、研究者が実際に修行すると主観が混じるというか科学として客観的な学問にならないというふうに言われる。メニューを云々（うんぬん）するのはいいけど、そこに書いてある料理を実際に食べちゃダメだというような変な話なんだけど。それからありがたいお説教する仏教というのは、修行のためになされているものではないわけですよ。むしろ修行しない言い訳みたいなことばかり言っている。人々が耳に心地よいお話しを聞いてそれで感激しておしまいで事が足りるのなら別に苦労して修行なんかしなくてもいいですからね。

だから日本では、修行バージョンの仏教を入れたら周りと軋轢（あつれき）を生むようなところがほとんどだったということです。じゃ、しょうがないから、それを邪魔されないでできる場所は自分で開拓するしかないなということですね。だけどその前に、ある程度基本のスキルというか修行生活の基本のやり方みたいなのはやっぱり伝統に則って学んでおく必要がある。最初から自己流でやっていたら危ないですから、そういう意味でちゃんとした道場に行って基本はやらなきゃとは思ってました。いずれは一人で、舗装された道じゃなくて自分で道を作りながら、細々した道でも歩いていくしかないかなというふうには思っていましたけど。

良道　すでに確立された治療法があるわけですから、それをまず実際に素直に学ばなきゃいけないですね。その後でその治療法を自分に当てはめたときに、自分のリアリティの複雑さに対応しきれないことが見えてくる。それから自分にあったまったく新しい治療方法を確立しなきゃいけないということになってくると思いますね。

でも、そのときに非常に面白いことが起こってきます。その新しい治療法はわたし一人の個人的病気だけに意味があるかというとそうではなくて、わたしと同じような悩み苦しみを持ったすべての人たちを助けられる治療法になってくる。だからわたしは隠者になるつもりはまったくなくて、みんなと一緒にやっていきたいですね。みんなで一緒に治療法の実践をする。いまこの「一法庵」という場所でその実践をやっています。

「心の調子」が悪いのを治すのが仏教

一照　良道さん、さっき、まず喫緊の自分の問題というのがあったと言ってたよね。どうも仏教を通してその問題の解決が見出せるんじゃないかというような感覚があって仏教に来たということだったけど、それをもう少し詳しく話してくれる？

仏教にどういうふうに関わっていくかというのは、それ以前に自分の中にどういう問題意識があるかで全然違ってくると思うんですよ。自分に問題意識がないのに仏教に出合っても、それは単なる教養と変わりないわけで、ただ知識が増えるだけで自分は何も変わらない。仏教、つまり仏の教え、仏に成る教えというぐらいだからやっぱり「教え」として出合わなきゃいけないと思う。単なる情報とか知識じゃなくて「教え」として受け止められる、あるいは教えとして見えてくるというのは、こっちの側にそういうものを求める心がなければそういうことにはならないわけですよね。良道さんの場合はどうだった？

良道　喩えで言うと、いま体の調子が悪いわけです。体の調子が悪いのだけれど、ではいったい自分がどういう病気なのかはよくわからない。

一照　何の病気かわからないけど、なんか調子悪いことは間違いないという自覚がある。

良道　とにかく何か体の調子が悪いという事実だけがある。そういう状態のときに運よく名医に出会う。その医者から君はこういう病気なんだよという病名を告げられる。そして病気には必ず原因があり、その原因から導き出された治療法があるわけですから、その「病名と原因と治療法の一セット」を名医から聞かされたときに、いままでの正体不明の体の調子の悪さに初めて光が当たるわけですよね。

一照　調子が悪いことには変わりがないけど、何が起こっているのかが見えてきた、ということだね。

良道　何が起こっているのかちゃんと見えてくることで、このなんともいえない体の調子の悪さからの解放のしっかりした見通しがつきます。いま体の病気の喩えを使ったけれど、もう少し正確にいうとわたしは心の調子が悪かったわけです。

一照　それはうつとか、そういうもの？

良道　うつとかではないです。わたしは普通に学生生活を送れていましたから。だけれどもやっぱり心の調子が悪い。

一照　漠然とした不安感だとか死に対する恐怖とか、そういうもの？

良道　もちろん死に対する恐怖もあった。自分がやりたいことを本当にやっていないという焦りもあった。そのほか諸々の漠然とした不安感を抱えたまま、どうしようもない息苦しさを感じていたとき、わたしは名医に出会った。それは、やがてはわれわれ二人の坐禅の師匠になる内山興正（うちやまこうしょう）[*4]老師ですね。内山老師は息苦しさを抱えてどうにもならなかった私に対して、「それは君の思いの問題なんだよ」ということを言ってくれた。ぴたりと病名を当ててくれたわけですね。

すべてのことが、結局思いの中で暴発している。では、その暴発をどうすればいいのか？治療法としては、「思いを手放していくのだ」と。思いを手放して、思い以前の何かに戻っていくことなのだ。いま君が苦しんでいるすべてのものは、思いによって作られたものだ、あるいは作られたものに「すぎないのだ」と懇切丁寧に解説されたとき、本当にその通りだなとわたしは思ったんですよ。病名と病気の原因と、そしてその治療法が全部すんなりと入ってきた。

一照　なるほど、あなたの症状は「思い中毒」からくるものですよと。だから心の調子が悪くなっているんだけど、これは中毒症状であって、だからその中毒を解毒するいい方法がありますよ。それには思いを手放せばいいんだ、それには坐禅すればいいんだということなんですね。

良道　その通りです。中毒は英語ではアディクション（addiction）ですよね。アディクションといっても、アルコールに対するアディクション、性的なものに対するアディクションなど対象はいろいろあるけれども、人間にとって最大のアディクションって何か？　その答えは非常に簡単で、シンキング（thinking）に対するアディクションなのですよ。自分の思いに対する中毒ですね。

わたし自身もやっぱりシンキングに対する強烈なアディクションがあった。それを見事に指摘してくださったのが内山興正老師です。では次に、そのアディクションをどう手放したらいいのかとなったら、ここは内山老師のアドヴァイスに素直に従い、もう坐禅するしかないだろうなと思ったわけです。それまでのわたしは東京で思いを増殖させるインテリ生活をやってい

＊4―内山興正……（一九一二～一九九八）曹洞宗僧侶。安泰寺第六代住職。

たから、とにかく生活を全部変えなければいけない。このシンキングにアディクションしがちな生活を、自然のど真ん中へ行って肉体労働をしていく生活に変える。

一照　何はともあれアディクションになりにくいところへ行かなければ、ということですね。

良道　そうそう。アディクションになりにくいところ。だからちょうどアルコールに対するアディクションがあったら、お酒を手に入れにくい場所にとにかく行く。そういうことをしなければわたしの人生はどうにもならないなと思ったので、安泰寺のああいう山の中の肉体労働と坐禅をしている場所に行こうと思ったわけです。

そういう汗水たらして肉体労働しながら一生懸命坐禅をしたり、禅の特徴である応量器を使った食事を作法に従って毎日することで、シンキングに対する強烈なアディクションを手放していける、その条件ができると思ったんです。

一照　実際に安泰寺に行って生活を始めて、方向性としては間違いなかったなという感じはした?

良道　はい、それはそう思いました、ここに来てよかったなって。だけれども、本当にシンキングそのものをダイレクトに手放すための核心部分が何か足りないことにだんだん気づくようになりました。いいところまで行ってるんだけれども、最後の手放しがどうもできていないという焦りが少しずつ出てきました。

なぜ仏教者になったのか

一照　良道さんの場合は、あのとき安泰寺に来た時点でもう「自分の心の問題は、思いの手放しである坐禅中心の生活をするしか解決の道はない」というところまで煮詰まっていたんだ。僕の場合は十代の始めごろからずーっと、自分がこうして生きているということの謎みたいなものを本気で探求したい、解明して決着をつけたいという気持ちがずっとあったんですよ。そういう気持ちというか内心の声みたいなものが導き手になって、紆余曲折（うよきょくせつ）を経て結局、安泰寺へ行くことになったような気がしてるんです。

十歳のときにある瞬間があってね。その瞬間というのは、いったいなんで俺はここにこんなふうにいるのかということとか、俺はどこから来てどこへ行くのか、それから無限大の宇宙の中に砂粒より小さい存在の俺っていったいここで何をすればいいのか、というようなことがひとかたまりになってワーッと、当時はそんなふうに言語化できなかったけど、とにかく大きな疑問として突然自分の中に舞い降りてきたんですよ。ある夜に自転車に乗っていて星空を見上げた途端にそういうことが起こっちゃって。そういう体験があんまりショックだったんであやうく自転車ごとこけそうになったときの体感をいまでも覚えてますね。

それは自分であれこれ考えた挙げ句に、そういう問題に行き当たったわけじゃなくて、いきなり向こうからガツーンとやってきて、一瞬でそれまで当たり前だったこと全体がまるごとわからなくなった。自分が存在していること自体が大きな謎になってしまった。それは僕には非常に大きなショックで、そのショック症状がずっと僕の中にエコーのように残ってしまったわけですよ。ただ、それは誰にも説明できないし、言ってもたぶん誰にもわからないだろうと思っていたから自分の中に秘めて、外側は普通に優等生的に暮らしてましたね。両親も友達も僕がそんなことを思っていたなんてまったく知らないでいたから、ずっと後になってそのことを文章に書くようになってから初めて、「あのころ、お前はそんなこと考えてたのか」と驚かれたりして（笑）。

結局、その時以来、自分の中にあるそういう大きな人生の謎の感覚というのを抑える形で心の中に持っていて、外から見ればちゃんといい息子、優等生を、別に無理して演じてるわけじゃないけど、ひとりでにそうなってきて、中学の時はバレーボール部のキャプテンをやって四国大会初出場初優勝、それから灘高に入って、東大、東大大学院とやってきたんだけど、その間にもときどきいろんな出来事がきっかけになって、自分の中のそういう「わからない」という感覚、人生不可解みたいな感覚がふつふつと湧き上がってくる機会があって、そのたびにあの十歳のときの体験を思い出していたんですね。だからその感覚を忘れたわけじゃない。

そういう何か大事なことの決着がついていないというような感覚がずっとあって、その解答を知りたいから自分でどんどん本を読んで勉強するのでその結果、自然に成績のいい学生になっちゃう。だけど、二十代後半になったときにこのギャップというか、外側ではうまく適応できているように見える自分と、内側に存在している人生不可解という感覚のギャップに、もはやそれをホールドできなくなった時期があったんですよ。もうこれ以上、ごまかせないというか、これからずっとこういう状態ではいられないなと切実に思うようになったんです。

良道 なるほど、一照さんの煮詰まり方はそういうふうだったんですね。二十代の後半というのは、わたしもそうだったけど、人生このままいくのかそれとも、一照さんが言った内心の声みたいなものに従ってガラリと方向転換するか、そういうことを迫られる時期なんじゃないですかね。それで、そこからどんなふうに展開したんですか？

一照 ちょうどそのころに不思議なことなんだけど、そんな自分を導いてくれるような人物に偶然かもしれないけど次々出会っていったんです。なんだか大きなものに促(うなが)されるような感じがする、そっちのほうに進んで行けば何か開けてくるんじゃないか、さっき言ったような外側と内側のギャップを解決するものがあるのではないかという直感のようなものを頼りにそっちに向かって歩いて行った。そうしたら思いがけず禅の伝統に出合ってしまったんです。それは職業坊さんの仏教でもないし、それから学者の仏教でもないし、それからお説教の仏教でもない、修行する仏教だったわけです。

それは、「禅」という伝統に育まれた、独特の生活形態の中に生きている仏教、要するに

「禅による生活」です。最初に触れたのは鎌倉円覚寺の居士林での一週間の接心でしたけど、たぶんここに何か自分の中にある未解決の問題を解決する糸口があるんじゃないかなということが強烈に感じられたんです。もちろんすぐさま解決したわけじゃなくて、いままでのような行き当たりばったりじゃなくて、ここから伸びている道を歩んで行けばいいんじゃないかといった、いわば「道の発見」でしたね。

直感的に、禅って自分が長年抱えてきた問題を大事にしてずっと取り組んできた伝統じゃないかなとなんとなく思ったんですよね。本とかでよく調べたわけじゃないけど、なんとなく体でそういう親近感を抱いた。それまで、自然科学、哲学、心理学といった学問だとか合気道、野口体操といった体を使う稽古を自分なりに興味を感じながら一生懸命やってきたけど、何かそこには中心が、心棒がないように思ってたんです。きっと禅がそれらを統合するものになるんじゃないか。手で言えば、これまで指ばっかり増やして忙しく動かしてきたけど、手のひらに相当するものがないからバラバラだった。禅がそれらの指を手のひらのようにつないで一つにまとまりのある手になれるのではないかという希望の光が見えたんですね。

それでもやっぱり、いきなりそこに飛び込むわけにもいかないから、大学院生をしながらいろいろな禅寺や坐禅会に通って在家で修行していたんだけど、だんだん「禅の修行はパートタイムではダメだ。フルタイムでやらないことにはやっぱり骨の髄までわからないだろう」という感覚が生まれてきたんです。それでいろいろ紆余曲折があって、お遍路さんなんかもやって、最終的には意を決して安泰寺に飛び込んだんですね。そこで、偶然にも良道さんと同じ年に安泰寺に入り、一緒に得度することになった。

良道　その十歳のときの出来事だけど、子供として小学生や中学生、高校生をやってるという自分の外側のこととは全然関係ないところで、いきなりそういうものに触れた。

一照　そう、そういう社会生活の流れというのとはまったく関係なかったですね。だから、外側には出さないし、出せない内面の秘密みたいな感じかな。そういう体験をおさめる場所ができきあいの形ではどこにも見つからなかったから、しょうがないから自分の胸にしまっとくしかない。

良道　内面に秘密を抱えながら、それでも毎日学校に行かなければならない。それは、わたしも似ています。中学生、高校生という社会生活における役割とは一切関係ないところでいわば宇宙の根源的な謎に直接触れてしまう。それでも同時に、中学や高校に毎日通わなければならない。そのときに学校というのが恐ろしく残酷な場所に、わたしは感じられたのです。学校というのは勉強によって「真理」を追求する場所ではどうもなさそうだ。あくまであの場所は一種の宗教施設なのではないか？　という強い疑念が出てきてしまったのです。宗教である以上教義があるわけで、それは「幸せというのはいつも未来にあるのだ」という単純な教義。未来にある幸せにどうやって到達するかといったら、もちろん一生懸命勉強することによって、です。勉強することによって成績を上げていい学校、いい大学、そしていい会社というふうにいつも馬の鼻先にニンジンをぶら下げて、一生懸命前に向かって走らせようとしている。

一照 あともう一つ教義があるとすれば、すべては競争だという教義かな。「この競争に何がなんでも勝たなきゃいけない、負けたら終わりだ」という教義。

良道 そうですね。

一照 学校ってところはこの二つの教義がセットになっている宗教施設だと良道さんは感じてしまった。それは当然、社会からの要請でそうなってるんだろうね。そういう教義の信奉者をたくさん送り出してくれって。

良道 競争に勝つためには人を蹴落とさなきゃいけない。だけど、わたしはそういう構造そのものにとてつもない拒否反応が出てしまったのです。なぜかといえば、この構造そのものが苦しみを生んでいるんじゃないかという疑念が頭から離れなくなってしまった。幸せを前に置くというのは実は「結局幸せをつかませない構造なんだ!」。いまでも強烈に思ってるけど、十四歳のある日、本当にそのことに気づいてしまった。十四歳までは、わたしは本当に絵に描いたような優等生だった。だけど、十四歳のその日を境にわたしはもうその教義が信じられなくなった。それでもまだ中学生をやって高校生をやっていかなければならない。もうその教義を信じてはいないのに信者として宗教教団にとどまっているようなものです。

一照　しょうがないからなんとかかんとか我慢して学生やってたわけだね。

良道　そうするとそんなに熱心には勉強なんかできないわけですよ。いままでだったらこの教義を本当に信じているから、この宗教教団の中でものすごい活動ができる。だけれども、その宗教教団に属していながらそこの教義を信じられない、教祖様も信じられない。それなのに、そこから抜けることもできないわけです。そこから抜けたらまだ生活できませんからね。だからしょうがないからそのまま中学、高校、大学と続けるしかなかった。

だけど、大学卒業するところでもう限界に来てしまった。なぜかというと、そもそもその教義を信じてはいないのだから、その教団に居続けるのはあまりに辛い。そうであるなら、自分が信じられる教義を奉じている宗教団体に行きたい。その教団に入って生きて行きたいと、強く願うようになったのです。では、自分が信じられる教義を教えている人はどこかにいないかと、探し回っているうちに、ついに内山興正老師がわたしの目の前に現れた。老師は本当にわたしが信じていることを、ご自分の人生の中で実際にされていた。そのことはもうすぐにわかった。だから内山老師のもとへ行くことは、なんの疑問も躊躇もなかったですね。

そこで初めて自分の中の信仰と、自分の外に存在する教団や教義が同じになった。一致した。自分がこういう信仰を持っていて、この信仰を教義として持つ宗教教団に属することがついにできた。内と外がついに一致した。だから、わたしは本当に内山老師が所属されていた曹洞宗で法衣を着たときにめちゃくちゃうれしかったんですよ。

一照 覚えてるよ。良道さん、初めて曹洞宗の法衣を着たとき、衣を着てくるくる回ってたからね（笑）。この人、なんかすごいなと思って、感心しちゃったよ。僕にはあそこまでの感激はなかったからね。

良道 なぜうれしかったかというと、あのとき、わたしは自分の内と外とが一致したからなんですよ。

一照 それでよくわかったよ。正直言うと、「この人、お坊さんの衣を着て袖振ってぐるぐる喜んで踊ってるけど、いったい何がそんなにうれしいんだろうなあ」と不思議に思ってたんだよね。「衣を着たぐらいでそんなにうれしいのか」って。そういうことはいま初めて本人の口から聞いたけど、そういう気持ちだったんだね。なるほどよくわかった。

良道 わたしの中で内と外とが一致した、あの瞬間は確かにそう思った。でも、だんだんとそうでもないということがわかってきた。内山老師とのズレというのは、まったくこの三十年間感じたこともないし、いまもまったく感じてないんですよ。内山老師という人は曹洞宗の人だったので、わたしも素直に曹洞宗に入ったんだけれども、曹洞宗という教団とのズレというのは、やっぱり少しずつ感じてきたというのかな。

一照　曹洞宗も実際の教団としては、良道さんが信じられないという教義に則って動いているから（笑）。やっぱりここも学校と同じ教義だったということなんだね。

良道　そう。わたしは学校という自分とは教義が違う宗教団体に我慢して属した。それがもう限界まで来てそこを出て、本当に自分が信じている教義を持ってる宗教団体に入ったつもりなんだけれども、実はそうではなかった。

一照　だから、曹洞宗も学校と同じでそれより大きな世間という教団のサブシステムなんだよ。だから、基本原理はたぶん同じなんだと思うよ。

良道　そう、同じなんでしょうね。わたしが拒否反応を起こした教義、これをきちんと言語化しなければいけない。わたしが学校を通して、あるいは曹洞宗という教団を通して非常に強い違和感、拒否感を持ったある教義があるわけでしょ。これをきちんと「どういう教義なのか」ということをはっきりさせたうえで、それでは本当には幸せになれないということをはっきりさせる。それを三十年やってきたんだと思うんです。

一照　それをいちばん明確に納得できる形で説いてるのが、仏教だったということなんだ。

良道　そうです。

仏教は本当に幸せになれる教義と実践方法を完備している

一照　その教義だと幸せにはなれないよと説いてるだけじゃなくて、本当に幸せになれる教義とその実践方法もちゃんと完備している。

良道　そう。だからたとえば「幸せは将来にあるのではない、いまここだよ」ということもそうです。幸せはいまここにあるのが本当なのに、幸せを将来に思い描く生き方をずーっと続けたら、完全に間違ってるから当然苦しくなる。

一照　社会に流布しているのは現実にそぐわない、虚構の教義だというわけね。それはだけど、ちゃんと考えたら誰でもおかしいということがわかるんじゃないか。みんなが口をそろえて「先に、先に」と言ってるからなんだか本当に幸せが先にあるように思えるけど、でも最後にあるのは何かというと、それは「死」でしょ。だから僕なんかの言い方だと、死という誰にも平等に与えられている人生の最終終着点の前に、自分がいま信じてる教義を置いたらたいていの教義はたちまちに色あせてしまいますよ。

だって、なんだかんだ言っても結局は誰もがそこ（死）に否応なく行かなきゃならないわけだから、それをはじめから計算に入れたうえで、何が幸せかとか、限られた時間の中で何を最優先にすべきかというのを本来考えるべきなんですよ、ちゃんとまともな頭をしてる人ならね。だけど、あたかも死なんてないかのような前提で人生設計がなされているんじゃないか。金儲(もう)

けにしても地位や権力にしても、それこそ死んでも天国まで持っていけない。死という現実の前では意味をなさないものであるのがわかっているのに、自分の能力とか時間とかエネルギーをそういうものにばっかり投資している。でもそういうのは絶対もとが取れないような、すごくもったいない投資の仕方をしてることになる。仏教は死という地点から逆算してものを考えることを教えてるんだと思うんだけど。

良道　わたしはよくこういう説明の仕方をしてます。たとえばみんな駅に向かって一生懸命歩いて行く。で、目的地は駅であって、歩いていること自体は意味がないことなんですよね。駅に到着したら目的地に着いたかというと、そうじゃないですね。電車を待たなきゃいけない。じゃ、電車を待つ間は無駄な時間なんですよ。で、電車が来たらいいかというと、乗らなきゃいけない。電車に乗って目的地まで行く時間、これもまた無駄な時間です。で、目的地の駅に到着して、そしたら目的地に着いたのかというと、そこからまたどっかへ歩かなきゃいけない。

だからこんな調子で、永遠に目的地には辿り着けないんですよ。それにもかかわらず、わたしたちは駅に着きさえすれば、電車に乗りさえすればというふうな、ちょっと考えたらごまかしだってわかるようなことに引っかかっちゃってる。でも、駅に向かって歩いているいまここに落ち着くということは、その気になりさえすれば当然できるわけですよ。

一照　良道さんは別に「駅に行くな」と言ってるわけじゃないのね。

良道　そうそう、駅に向かって歩いて行くのだけれど、その駅に着きさえすればどうにかなるという考えが、あなたを不幸にしてるということですね。だから結局、あなたのような生き方をしていたら、必然的に不幸になるよということなんです。

一照　それはしかも、実際にやってみなくてもちょっと立ち止まって考えたらわかるという話だよね。

良道　そういう必然的に不幸になる生き方をあなたはしてるんじゃないか。どうしてそれが必然的に不幸になるかについて、「ちょっと考えてください。そんな複雑な理論は必要ないから、こうこうこうで、ほら、あなたの生き方そのものが不幸を生んでるでしょ」という説得はできるはずなんだけれども……。

一照　そのはずなんだけれども、実際はそういうことを誰も聞こうとしないし、なんとなくもしかしたらそんなことないんじゃないかとみんな思ってる……。

良道　やっぱり「未来に何かが待っている」という生き方から逃れられない。だけどわたしは、本当に十四のときに崩れたんですよ、ガタガタ……という感じで。

一照　それはなんかきっかけになるような出来事があって？

良道　いや、これといった出来事は別にありませんでしたけど。

一照　じゃあ、熟した柿が落ちるみたいに落ちてしまったわけだね、ぽてんと。

良道　うん、そんな感じでした。

一照　僕も高校の時に実存主義の洗礼を受けて、カミュとかドストエフスキー、シェストフ[*5]なんかを読んでいて、ニヒリズムというのかな、未来に待っているのは結局死だけなんだという思いが強烈に身にしみたことがあってね。だからそのころ理科系志望から文科系志望に変えたんだけど、先生や両親が勧める法学部や経済学部にはまったく関心が持てなかった。世間での出世とかいうものにまったく食指が動かないんですよ。卒業アルバムの自分の一言欄には「太った豚より痩せたソクラテスたらん」と書いたし、そのころ友達に「お前将来何になりたい？」と聞かれると「ずーっと放浪生活をやった後、最後は山奥の湯治場の親父になりたい」なんて言って変な顔されてたしね（笑）。

こうやって話してみると、二人とも共通して若い時から、社会の中に自分が自分でいられる居場所は出来合いの形では存在していないなという感じを持ってたんだね。でも、幸いなことに、周りにつぶされたり引きこもりにならずに、それなら自分で作ってやろうじゃないかとむしろ外に打って出てる。それはやっぱり仏教にずいぶん助けられてるんだろうね。「出家」というのは本来そういう決断のことを言うのだと思うんだけど。

＊5—シェストフ……Lev Isaakovich Shestov（一八六六〜一九三八）ロシア系ユダヤ人の哲学者。「絶望の哲学」を展開。

良道　だからわれわれにとって仏教というのは、「もう一つの生活のあり方」を具体的に実現できた唯一のよりどころだったといまから思えば言えますね。ただ、それもそんなに単純にはいかなかったけれど。安泰寺という特別な場所を出た後、二人ともえらい苦労をすることになったけれど、お互いにまったくぶれなかったのは、最初から目指す方向性があったからですね。

一照　そうだよね。二人があんまりぶれなかったというのは、やっぱり後戻りのできない形で仏教を選んだからじゃないかな。それとの関連で思い出すんだけど、ブッダの生涯でもきわめて重要な出来事の一つとして「四門出遊（しもんしゅつゆう）」というのがあるよね。東西南北四つの門から出たときに、それまでまったく自分の人生の中になかった老・病・死という事実に直面してしまったというエピソードですよね。最後は遊行者を見て希望を持つんだけどね。父親が用意した温室のような恵まれた環境の中でぬくぬくと何不自由なく幸せに育ったシッダールタが否応なしに人生の過酷な現実に出合ってしまった。自分の中にそれをどうやって受け止めていいかわからないぐらいのショックだった。仏伝によれば御者に「これはいったいなんだ？」って聞いてるからね。「これは死んだ人です」と。「俺もいずれこうなるのか」「はい、いまは元気で生きておられますけど、必ずそうなります。誰でもなります」と。「ええっ！　そうなのか」というので大ショックを受けて、もうそれ以上見物を楽しめなくなって城に帰ったというふうに書いてあるからね。すっかり落ち込んじゃったんだね。

だから、仏教が教えとして骨身にしみるくらいわかるためには、多かれ少なかれそれに匹敵するような何かショックが、僕は必要なんじゃないかと思うんですよ。開祖のブッダが味わったショックのようなものに相当する何かが……。「四門出遊」体験。ブッダですらそういうものが必要だったんだから、ましてやわれわれごときはなおさら必要だと思う。

良道　実際病人に会ったり、死んだ人に会ったりということ？

一照　別にそうじゃなくてもいいんだけど、自分の大前提が根底からグラグラ揺さぶられるようなショックだね。仏伝を読むとこう表現されてた。「心臓を毒矢で射貫かれた若き獅子の如き状態」って。生々しいよね。毒矢がぐさりと心臓に刺さっちゃったわけ。だからそれ以降はそれまでは調子よく浮かれてたパーティとか、美女のダンスとか音楽とかもぜんぜん楽しめなくなっちゃったということなんだね。このどうしても抜かなきゃいけない毒矢が刺さった心臓、それに匹敵するような何か切実な体験というのが、仏教に出合うときには必要なんじゃないかなと思うけどね。単に仏教のありがたいお話しを「ふぅーん、なるほどね。いいお話だ」とふんぞり返って気楽に聞くんじゃなくて、はっきりした体感を伴うような、たとえば冷や汗をかくとか、心臓の鼓動が高まるとか、そういう身にこたえるショックみたいなものを伴うような、自分の身に引きつけた聞き方が必要なんじゃないかと思うね。しんどいけどね、そういうのは。

良道　だけどそのショックを受けないようにする。あるいはショックを受ける時間を作らない。

一照　そう、それはまさにシッダールタの父親がやってたことだね。息子に人生のネガティブな面を見せないように、楽しいことだけ、美しいものだけ、心地よいものだけを見るようにあらゆる手を尽くす。かれが見物に外に行くときには街をきれいにさせたりしてね。

いま、仏教がそういう「慰めの宗教」というのかな、もともとは厳しいリアルな現実にきちんと直面することを教えるのが仏教だったはずなのに、その逆の現実を糊塗する道具に使われちゃってるんじゃないかという危惧が僕にはあるんですよ。

良道　まともに現実を見る時間を作らせない。たとえば中学生や高校生に勉強とかクラブ活動をがんがんやらせるとか。

一照　お尻をたたいて、とにかく忙しくさせる。

良道　とにかく忙しくさせて、ボケッとした時間を作らせない。わたしは中学・高校のときはボケッとしてたんです、かなり。先ほど話したように十四歳で学校という宗教団体に対する信仰を失ってからはね。一応は勉強もしてたけど、部活にもまったく興味を持てずいわゆる帰宅部でしたね。朝の八時から夕方の四時ぐらいまでは学校に付き合うけれども、午後四時すぎたらもうちょっと放っといてくれますかという感じでした。一応中学生、高校生として学校にいる間ぐらいは最低限の義務は果たすけれど、午後四時からはわたしは学生である以前に一人の人間として、宇宙について考えたかった。で、実際にそうしていました。でも、ほとんどのクラスメイトといえば、勉強とクラブだけで忙しくて全然そういうことを考える暇を持たないんですよね。持たせてもらえない。

一照「そんなぼうっとしてる暇があったら勉強しなさい」とか。「友達はその間に勉強して追い抜かれるよ」というようなメッセージを、そんな露骨には言わないけど、暗黙のプレッシャーとしてあるよね、周りには。受験とかいうのはみんなそんな感じだよね。受験競争はなんに向かっての競争かというと出世競争の第一ラウンド。学校を出てからも、大人になって社会に出てもやっぱりそれはあるんだな。第二ラウンド、第三ラウンドって。

良道 そんなボケッとしてたら置いていかれるよ、と言われても、ああそうですか、だったら置いていってくださいね。一緒に行ったはては何もないのだから、別に置いていってもらってけっこうと思っていました。わたしとしては、それでけっこうなんだけれども、だけどもそれじゃなかなか生きていけない。置いていってもらった後、何をして生きていくのか、それもわからなかった。というある意味にっちもさっちも行かない状況で、初めて内山老師という人と出会って、「あっ、これで納得のいく人生を生きていける！」という感じだったのですよ。なぜなら内山老師ご自身が、わたしが拒否した生き方ではないもう一つの生き方をずっとされてきている生きてる見本だったから。だけど、内山老師のまねをしてお坊さんにただなったぐらいでは何も解決したことにはならないことを、後からいやというほど知ることになりました。

一照　そんなになんでも簡単に一気には解決しないよね、やっぱり。

良道　ともかく内山老師という実物見本に従えば、いままでどうしてもわからなかった「もう一つの生き方」ができるのでは、という漠然とした希望から安泰寺に入りました。「あっ、これで自分の内側で本当に思っていることと、社会が自分をどう認識するかを現す衣装が一致したな」と思って、だから曹洞宗の衣を着たときはものすごくうれしかった。だけど……。

一照　それも着慣れてみると、そうでもないことがわかってきた（笑）。

良道　そうです。そこで本当に自分が内面でやりたいことをやれる場所を探さざるを得なくなった。それのとっかかりができたのがアメリカでの三年間でもあったかなと思うんですね。そのときに日本という枠を出て、われわれが会ったのはアメリカ人だけではなかった。あらゆる人種やバックグラウンドの人たちと出会った。要するに大きな世界と出合ったという感じなんですよ。一人の人間として世界の人たちに出会うことができたなと。

　そしてそのときに、一人の人間として自分が本当に思っていることを本当にしゃべっていいんだということを感じたんですよ。日本だと一人の素の人間ではないんですよ。あくまでもお坊さんなり、サラリーマンなり、家庭の主婦なり、それはもう役割に過ぎない。ところがいつもそっちのほうが主になってしまう。だけど、アメリカに行ってよかったのは、わたしたちはアメリカでは一応禅僧だったけども、でもみんな、どこまでも一人の人間として扱ってくれたんですよね。

一照　そうですね。かれらには別にわれわれが禅僧だからどう付き合うべきかというそういう枠がそもそもないからね。

良道　日本のように禅僧という決まった役割がないからね、アメリカ社会の中では。だから、頭を剃ったアジア人でなんか作務衣を着てる連中という、訳わからないけどちょっと面白そうなやつだ、そういう付き合いをしてくれた。あれがわたしには大きかったですね。

一照　ここでちょうどアメリカに行った話が出たから、そろそろその話題に移ろうか。

第二章 「アメリカ仏教」からの衝撃

一照　われわれは自分から安泰寺を飛び出したわけじゃなくて、師匠のほうから「アメリカでやってこい」と言われたから「はい、行ってきます」って素直に行った。僕は一九八七年、良道さんはその翌年に。別になんか不平不満があって寺を飛び出したわけじゃない。僕としては上山前に内山老師から言われたように、安泰寺に「少なくとも十年」はいるつもりでいたんだけど、なりゆきでそういうことになっちゃった。曹洞宗の海外布教師として永住ビザを取って、日本に戻るか戻らないかも、決めないで。今から思うと、あとさきを考えずによく行けたもんだなって。それだけ若かったってことかな、もう三十三歳だったけど（笑）。

良道　二人とも若かったから、思い切って行けたのでしょうね。でも実際にアメリカに飛び込んで行くと、もう不安なんて一気に吹き飛びましたね。もう毎日が楽しくてしょうがなかった、実を言うと。なぜかというと「仏教というのはこういう普遍的なところで論じることができるんだ。そして普遍的な意味を持つんだ」という圧倒的な感動が待っていた。

日本という狭い文化的な伝統の外に、非常に広々した世界が広がっている。アメリカというのは単にアングロサクソンとかではないですね。なぜならアメリカへ行って実際に出会うのは、世界中のあらゆる人たちで、いわば人類というものに出会うわけだから。その人たちの一人一人の人生にとって意味のあることを仏教は提供できる。それを深めていける場所がアメリカにあった。それが非常に新鮮だった。

別の角度から言うと、仏教を英語で表現することに喜びを見出したとも言えるかもしれないですね。英語を通して広い世界に行けたから。

日本で出会えなかった仏教修行の仲間にアメリカで出会えた

一照　良道さんも僕も、師匠に言われてアメリカに行ったわけだけど、それは運命的というか、偶然だったけどやっぱり必然だったという気もしているわけです、僕なんかは。「やっぱりそうだったんだ」ということを本当に知るためには日本から一回出る必要があった。アメリカで僕らは三年間一緒にヴァレー禅堂というところで暮らしてました。何でも屋のいろんなアルバイトを頼まれるままにこなして生活の糧を得ながら、みんなと一緒に坐禅をやったり議論してたよね。そういう仲間がすぐできた。良道さんはその後イタリアに行ってヨーロッパを見てるし、たぶんビルマでもそういう人が多かったと思うけど、職業的な僧侶でもないし仏教学者でもないし、それからお説教としての仏教に期待してるわけじゃなくて、実際にブッダがやったであろう修行、あるいはブッダに続いて仏教の伝統を形成してきたような人たちがやったであろうことを、「わたしも同じことをやりたい」という人は仏教国じゃないはずのアメリカとかヨーロッパにもたくさんいるわけですよね。かれらは、大学に属している学者でもないし、それからどこかの宗派に属している僧侶でもなく、つまり組織に属さないで個人の決断と熱意で仏教を学んでいるわけで、誰かに言われたわけでも強制されてるわけでもなくて、本人のやむにやまれぬ思いで熱心に週末のリトリート（合宿修行）とか接心に参加し、本もちゃんと読んで自分で勉強しているというような人がわんさといた。

そういう人は日本にもいないわけじゃないけど、僕がアメリカに行って驚いたのは、「こんなにいるのか！」という感じですよね。「ここまで熱心な人がいるのか」という驚き。そこではやっぱり仏教がいまを生きる教えとして求められていた。それは僕らが求めているものと非常に重なっているあり方をした仏教だった。だから、その点で深い共感を持って仲間に会えたな、という感じがしたんですよ。ああ、ここに同志がいたんだ、というホッとするような感じだね。

良道　不思議なことかもしれないけど、仏教国のはずの日本ではあまり出会えなかったのに、むしろアメリカで一緒に仏教修行をしていけるたくさんの仲間に会えた。日本の普通のお寺には修行としての仏教はほとんどなかったのに、むしろアメリカにそれが純粋な形であった。

一照　僕らが住んでいたマサチューセッツ州西部というところはアメリカの中でも非常に仏教に熱心な人たちが多いところで、大学ではちゃんと仏教学のコースがあるし、仏教の各伝統の瞑想センターや瞑想のグループもたくさん活動していた。われわれにとって刺激としては、そして学びのリソースとしても、日本にいるより遥かに豊かだったという気がしていますね。だから、そこに十七年半ぐらい住んでから、日本に帰ってきた当座はなんかエアポケットに落ち込んだような気がしましたね。周りに一緒に坐ったり、仏教を学んだりする人が急にいなくなっちゃって。なんせ、三つの大学で毎週、若い大学生たちと坐禅会を渡米以来ずーっとやってたからね。その落差は大きかった。

アメリカでは、気が向けば大学でかなりレベルの高い仏教の講座を聴きに行けたし、図書館には大蔵経をはじめ参考書もちゃんとそろっていて教授待遇で借り出せる。そういう大学では高名な仏教学者やお坊さんが講演に来たり、それこそダライ・ラマさんが来たりなんかして。それからヴィパッサナー（vipassana）瞑想の指導者のゴエンカさん[*6]とかマインドフルネス瞑想（第三章参照）を医療現場で応用しているジョン・カバット・ジンさん[*7]などがしばしば来たりして、一般向けのレクチャーとかがあって誰でも無料で聴けるわけですよ。

日本に帰ってきて、どうやったらそういう仏教のリソースにアクセスできるのかなあと周り

＊6―ゴエンカ……S. N. Goenka（一九二四〜）ミャンマー出身のヴィパッサナー瞑想の在家指導者。
＊7―ジョン・カバット・ジン……Jon Kabat-Zinn（一九四四〜）マサチューセッツ大学医学大学院教授・同大マインドフルネスセンターの創設所長。

を見渡してみると、どうもそう簡単にはいきそうもない。だから、これから修行を深めていくにはどうしたらいいのだろうとちょっと困った感じがしましたね。参考になるようなよい本もなかなか簡単には手に入らないし。だからゼロからまた自分にとってのそういうダルマ・リソース・ネットワークを構築していかなきゃならない。まあ、当分は自分一人で坐禅して、独学かなあって。もっとも、それは日本だと無理もないことなんだけど。

あと、日本に帰ることにしたときハタと思ったことは、日本でアメリカの禅堂にいたときみたいに何でも屋のバイトで生計を立てながら修行しようと思ったら、まず生活が行き詰まるだろうなということでしたね。その時は連れ合いとまだ小さい娘が二人いたからね。僕の場合、本当にありがたいことに友人がサポートしてくれてなんとかいまのところ路頭に迷わないですんでいるんだけど。日本だとお寺に入らないで修行するお坊さんをやるのは不可能に近いんですよね。

修行を支えるサポート体制

良道　日本には修行に専念するお坊さんをサポートする体制が社会の中にほとんどない。それがないことすらあまり意識されず、誰も問題にしませんが、私自身ビルマに行ってそのあまりの違いに驚きましたよ。あそこでは少なくともお坊さんでいる限り、飢え死にすることはあり得ない。生活のことを一切心配せずに修行や学問に打ち込めるような環境ができていますからね。まあ、そこに問題がないわけじゃないけど。

一照　日本で僧侶として生活していこうと思ったら、要するにお寺を運営するお坊さんになるか、大学の仏教の先生になるぐらいしか道がないからね。それくらいしかチョイスがない。僕もよく「お寺に入らないでお坊さんをやれるなんて、あなたはなんてラッキーなんだ。奇跡的だ」って言われるけど、ほんとラッキーだと思うよ。いくら感謝しても感謝しきれませんね。

僕らはアメリカでどうやって暮らしたかというと、別に禅を売りものにしてたわけじゃなくて、僕らのいた禅堂って、まず方針として料金を取らない。会員制にもしない。「ドネーションボックス」というお布施箱があって、「お布施を要求しないけど、断りもしません」というようなことをその箱に書いてあったわけですよ。〝No Donation Requested, No Donation Refused.〟ってね（笑）。その箱も前の先輩の代から引きついだ、日本の木の茶箱にお金を入れるための穴を小刀であけた粗末なやつでね。だからお布施はあてにできないので、自分たちの生活費は、近所で何でも屋のアルバイトをやって稼いでいた。ペンキ塗り、大工仕事、引越しの手伝い、芝生刈り、まき割り、それこそ何でもやった。周りのみんなは僕らがそうやって暮らしていることを知ってたから、「あそこに何でも屋をやっている日本人の坊さんたちがいるから、助けが必要なときはかれらに連絡して使ってやってくれ」って口コミで広めてくれたから、こっちで仕事探しをしなくてもよかった。ありがたいことに、良道さんと二人のときはそれでなんとかやっていけてたよね。僕は家族ができてもそれをやって暮らしてた（笑）。それで別に飢え死にしなかったからね。でも、ああいうことが可能だったのはあの地域だからであって、日本ではとうてい無理だろうなと思ったね。だから帰るときはほんと家族ともどもどうなるかなという、それが大きな不安でしたね。仏教国である日本に帰ったときにアメリカでやってたようなことが続けられるだろうかって。

良道　わたしは、一照さんの一年後に「アメリカへ行ったらどうか」と言われたときに、飛び上がるほどうれしかったんですよ（笑）。なぜかと言ったら、わたしは大学では西洋のことを勉強したから、これで直接西洋に触れられるぞって。

一照　東京外語大でフランス語を勉強して、デカルトを読んでたって言ったっけ？

良道　そう。大学ではデカルトをやってたんだけども、卒業した時点で西洋の学問は終わってたわけです。卒業してすぐお寺に飛び込んだので、それ以降は仏教のことばっかりやっていました。だけど、わたしにとって西洋というのはやっぱり大きな存在だったんですよ。だから自分の中では、大学のときに打ち込んで勉強した西洋と、卒業後ずっとやってきた仏教とがばらばらな形で分かれたままだったのです。だから、実際に西洋つまりアメリカやヨーロッパに行って住むとなると、嫌でも西洋文明のど真ん中に入っていくことになるから、ばらばらなままだったものの整合性がついてくるんじゃないか、というのがアメリカに行くときの一つの目論見でしたね。しかもわれわれは西洋に単に住むのではなく、西洋人を相手に仏教を教えて、一緒に坐禅をして、いろいろとディスカッションする。これはもう嫌でも整合性がついてくるのは当たり前で、実際にそうでした。

逆に言うと、われわれは西洋についての知識が少しはあったからよかったけれど、もし仏教しか知らないままアメリカへ行ってたら、あまり意味がなかったかもしれないなと思います。

一照　そうですね。こちら側が仏教だけだと、共通の土俵がなくてなかなか話がかみ合わなかったかもしれないね。

良道　一照さんとわたしは仏教を修行する前に西洋の学問をある程度はやっていた。一照さんの心理学も西洋由来の学問だったわけで、そういう基盤の上でアメリカに行ったから、あれだけ深いところでかれらと話ができたんじゃないかな。

一照　まあ、対等な形で話はできたかもしれない。一方的に仏教の話を仏教用語の羅列でまくし立ててもダメだというのは思ってたからね。それまでいろいろ雑学的にやってきたことがずいぶん役に立ったことは確かですね。引き出しがたくさんあった、というかね。

良道　かれらの話の前提条件がある程度わかりますからね。こっちはそれにプラスして、西洋とは前提条件がまったく違う仏教の知識を持ち、それに基づく坐禅を実際にしていた。この二つの組み合わせがあった。つまり共通するものと相違するものを明確にわかったうえだったので、西洋の仏教者たちとあれだけエキサイティングなディスカッションが成り立ったんですよ。

一照　かれらが求めてるのは、日本で主流になっているお寺のお坊さんの仏教でもないし、文献学者の仏教でもないし、ありがたいお説教話の仏教でもない。やっぱり修行としていまを生きるための仏教だし、その修行を裏打ちしている仏教の哲学なり思想なりだったよね。僕らもまさにそこに魅力を感じて仏教に入った人間だったから、そこでピッタリ合った。

良道　そう、ピッタリ合った。

一照　逆に、いま言った三つのバージョンの仏教だったら、向こうに持って行っても、全然相手にされなかっただろうね。そういう仏教は要りませんって。

良道　もちろん、そうでしょうね。単に英語で仏教がしゃべれたからではなくて、西洋の哲学や心理学という学問を手がかりとしながら、仏教プロパーよりももっと広い文脈で仏教を論じることができた。だからかれらに受け入れられたんじゃないですか。

一照　そうだろうね。僕らがいかにも「布教師」っぽいことをやっていたら、大学に講義に来て学生に話をしてくれなんてリクエストは来なかっただろうね。僕らは別に仏教の学位を持ってるわけじゃないし、まあ言ってみればどこの馬の骨ともわからない存在でしかなかった。そういうわれわれが、アメリカでも名の通った大学で坐禅会を定期的にやったり、講義をしたというのは、考えてみれば不思議なことですよ。

良道　でも、われわれは大学生に対してもちゃんと話せたじゃないですか。ある程度期待に応えられたから、坐禅会や講義をしてくれという要望がずっとあったのでしょうね。

一照　そういうことにしておこう（笑）。日本に帰ってくるころは何でも屋のバイトより大学での仕事のほうが忙しくなってたからね。単発の講義だけじゃなくて一学期全部教えるようなこともやったしね。

　僕がアメリカに行くことに決めたときに、テーマとして自分なりに思っていたのは、僕がこれは素晴らしいなと思って飛び込んだ世界、具体的に言うと「道元禅」ということになるんだけど、それが日本だけで意味をなすようなローカルなものじゃなくて、グローバルというのかな、まったく仏教国じゃないところでもちゃんと意味を持ち得るのかどうか、それを実地に試してみようということだったんですよ。

良道　自分がその価値を信じて取り組んでいることが、ローカルな文脈を離れても、普遍的であるかどうかということですね。

一照　普遍的とまで言っていいかどうかわからないけど、自分が一生懸命やってることが少なくともまったく文化の土壌が異なる西洋でもちゃんと通用するし、意味を持つし、そこで生きて暮らしている人々の役に立つようなもんじゃないとやっぱり困るんですよね。そうであって欲しい。それならやっぱり実際そこへ行って、自分でテストしてみようと思ったんですね。だから師匠に「行け」と言われたから嫌々行ったわけではなくて、そういう自分なりのプロジェクトみたいなものは持ってました。

それでどうだったかというと、やっぱりちゃんと通用したし、むしろ求められているものだ、必要とされているものだということが手ごたえを持って感じられた。

良道　そう、自信になったよね。この自信が二人の人生をおおいに前に進ませるものになったのでしょうね。なぜなら、日本にいたときはどうしてもこの自信を持てなかったから。

最近は少し違うようだけれど、浦賀沖に黒船がやってきて以来、日本というのはアメリカやヨーロッパに対してどうしようもないコンプレックスを持ってきました。正直に言うと、わたし自身もこの西洋コンプレックスのようなものを持っていたのですよ。仏教について高校、大学時代を通してずっと勉強していたのだけれど、心のどこかでやっぱり西洋の哲学や科学のほうが正しいんじゃないか、進んでいるのではないかという、解消しきれないじくじくした思いがありました。

もし心のどこかに、やっぱり最終的な真理というのは西洋の科学によって解明される。仏教というのはせいぜい心を慰めるものにすぎない、というような気持ちがあったら、とてもじゃないけど仏教に対して強い自信を持てないでしょう。そもそもわたしが大学でデカルトを専門に勉強したのは、科学というのはそもそも何なのか？　ただそれだけを知りたかったからです。ところが勉強していくうちに、科学というものが普通世間で言われているほどには、絶対的なものではないことが見えてきたのです。近代科学の一番の源流であるデカルトを徹底的に読み込むことで。それはどういうことかというと、デカルトは根拠のあいまいなドグマを盲目的に信じている限り、人間が真理に到達することはできないから、まずはその真理に至る「方法」を確立しようとしたわけです。その「方法」とは、この世界のあらゆるものを分析していったはてに、お前の心に本当にはっきりと明晰(めいせき)なものだけを受け入れろ。そしてそれらを少しずつ組み立てていけというものですね。

一照　どうしても疑い得ないものを出発点にしろ、というやつだね。

良道　でも、そのあたりを詳しく見ていくと、不思議なものが見えてくるのです。というのは、分析していったはてに、疑い得ないほど明晰なものが自分の目の前にいまある。でも明晰だから正しいとはすぐにはなりません。「明晰なもの」→「正しいもの」とする、矢印のジャンプがここにあるのですよ。即ち明晰なものを正しいものだと判断するのだけれど、そのジャンプを何がどう保証するのかという問題が出てきました。もしかしたら、明晰だと見えているだけで、真理でないかもしれないわけだし。

　こういう問題意識で、一般によく知られた『方法序説』や、主著である『省察録』というデカルトの著作群をフランス語で丁寧に読んでいくと、驚くようなことが書いてありました。実は何も保証がないんですよ。この判断にはある種のジャンプがあることはデカルト自身が認めています。そのうえで、それでもなお明晰なものが正しいと主張するのですが、それは別の保証がそこにはあるから。なんだと思います？　いきなり神様なんですよ。これにはわたしも拍子抜けするほど驚きました。

わたしたちのボン・サンス（bon sens 良識）、つまり良識にとって疑いがないほど明晰なものを探して、それを正しいものとするのが、その後近代科学の基本を作った方法だとされていました。でもこの方法の核心部分である「疑いがないほど明晰なこと」＝「正しいこと、真理」である、このイコールを保証するものは実は神様である。あれ、話が何か違うのではないですか。そもそも神様をめぐる「ドグマ」を根拠なく信じている限り、真理には到達できないから、神様とはきっぱり縁を切った方法を見つけようということではなかったの？　それなのにこの方法によって真理を見つけられると保証するものに、再び神様を持ってきてしまうのというのは、堂々巡りでしょう！

神様から独立して真理を保証してくれるものは実はなんにもないんだという話になってしまった。何かいきなりハシゴを外されたみたいなショックを受けました。なぜなら、神様とかかわりのわからないものを持ち出さないで、本当の真理を発見する方法をデカルトが発見し確立したという、普通世間で言われていることをわたしも信じていたので。

一照 そこで神様を信じれば保証はあるということになっちゃうんだけど、もう神は死んだ、で信じられなくなっちゃったから、そりゃ困るよね。

良道 はい、真理を発見する大前提に、人間にボン・サンスを与えてくれた神様を信じなくてはいけない。そのうえで、神様が与えてくださったボン・サンスという道具を使って真理を発見していきましょう、という流れになっている。デカルトが確立したといわれる近代科学の方法というのは。でも、これを発見したときに、実は私の中でそれまでくすぶり続けていた「科学に対するコンプレックス」から解放されたような気がしたのです。これでもう安心して、仏教という科学とはまた別の真理発見の方法を、もう一切のコンプレックスなしに堂々と使っていけるな、と。大学を卒業する前に一応ここまでの整理がついたので、卒業後大きな希望を持って「真理の発見」のために仏教の世界に入っていけました。

アメリカへ行って本当によかったのは、アメリカという西洋のど真ん中で、このあたりの整合性を完全につけることができた点ですね。これがわたしにとってのアメリカに行った意味です。

アメリカではものすごい勢いで仏教の優れた本が出版されている!

一照　僕らは日本語で仏教を学んだ。日本語で仏教を学ぶというのは実は中国経由の仏教なので漢訳仏典の、要するに漢語を使った仏教を学んだことになる。だけどアメリカではそのままでは通用しないから、それを全部英語に直して言わないといけない。渡米した当時はそれほどでもなかったけど、この三十年の間に、仏教の本が英語圏でものすごい勢いで増えてきている。そして、内容のレベルも上がってきていると思います。しかも、仏教学の専門家向けの学術的な本じゃなくて、そうかといって浅薄な人生論風の説教本でもない、すごく読み応えのある仏教書。日本じゃ絶対書かれないようなスタイルで、かなり高いレベルで仏教をちゃんとわかって、いかに仏教がわれわれの人生をよい方向に変容させることができるか、ってことを自分の言葉でストレートにわかりやすく語っている本です。僕がこれまで日本語に訳してきたようなのはそういう本だと思ってるんだけど、とにかく優れた仏教書がどんどん増えてきていることは、間違いないと思うんです。われわれはそういう本の助けを借りて、もう一回英語で仏教をゼロから学び直したということが大きい。まあ、そうせざるを得なかったんだけど。

　僕はそういう本を必要に迫られて、また興味もあってたくさん読んだけど、あれでずいぶん仏教についての理解が広まったし、深まったと思ってます。

良道　日本語だと本当に極端に初心者向けか、少数の専門家向けかの二つに分かれるのが、普通ですよね。どんな分野の本でも。だけど英語の本の世界では、あらゆる分野である一定の教養を持った人たち、つまり専門家でもないけれど、ずぶの素人でもないという人たち向けに優れた本が本当にたくさん出版されている。

一照　それぞれの分野で第一線級の人が優れた文章力ですごく面白くかつわかりやすく書いている本がたくさんある。いい例がサイエンスの本で、「ポピュラー・サイエンス」と言われている分野で、英語圏のレベルはすごいと思うんですよ。サイエンス・ライターっていう人たちがいるんだけど、相当なレベルの科学者としても優れている人がたくさんサイエンス・ジャーナリストになっている。日本にはまだ数えるほどしかいないような気がする。

良道　仏教書に関してもそのレベルの本が出版されて、読者を獲得しているということですね。あらゆる分野でそうなんだから、仏教書もそうならざるを得ないんでしょうね。

英語の仏教書というのが、われわれにとって非常に新鮮だった。そのレベルの仏教書を通じて、ある一定の知的レベルの人たちとコミュニケーションできたからですね。同じ本を読みながらそれを題材に議論ができる。日本ではそういうことはなかなかできない。あまりにも勉強が足らないか、極端に狭い専門分野の話になってしまって。

一照　仏教の専門書は学者か物好きな人しか読まないし、たいていの人が読むのは常識に毛の生えたような本ばかり。腰を入れて読みさえすればちゃんと栄養になるような、現代語の仏教書が日本にはあまりないし、すごいことが書かれている仏教の古典はあまり読まれていない。「仏教は難しくて、わたしみたいな者にはわかりません」とか「仏教用語がちんぷんかんぷんで、もっとわかりやすく説明してくれなければ」なんてことが言われている。そういうセリフはアメリカではほとんど聞かなかった。わからなければ質問してくるし、少なくともわかろうという努力をかれらはやっていた。

良道　そう、だからそれに鼓舞されるようにして、われわれはかれらの質問にちゃんと答えようと勉強したり、わかるような表現を工夫したり、その意味でずいぶん鍛えられたと思います。

一照　そういうのがいまの僕らの大きな財産になっている気がする。結局、僕らはアメリカで仏教をもう一度、新たに勉強し直したわけですよ。禅に関しても、なるほどこのコンセプトは英語ではこういうふうに言うんだとか。『正法眼蔵（しょうぼうげんぞう）』も英語で読み直すような作業をやった。禅だけじゃない、テーラワーダやチベット仏教の本はもっとたくさんありますから、日本じゃお目にかからなかったそういう他の仏教伝統の教えにも触れて、英語でもう一回仏教を勉強し直すことをやったというのはすごく意味がある。たぶんいまの僕の説き方とか考え方に特徴があるとしたら、その淵源（えんげん）の一つは間違いなくそこにある。日本で勉強したことをもう一回、英語で全部表現していかなきゃいけなくなったから、その作業を通して、自分の甘い理解のところなんかにあれこれ気づくことができた。日本語では、なあなあでごまかしていたというか、あいまいなまま素通りしていたことが、英語ではそれではすまされない。「ちょっと待って。それはどういうことなんですか」って突っ込んでくるから。

そういう英語の本って説明が実に細かいですよ。さっと一言ですませたりしないで、しつこいくらい、ああも言いこうも言ってなんとかわからせようとしている。非常に分析的だし、喩えもうまい。何でなんだろうな、ああいうふうに書けちゃうというのは。やっぱり言葉で言えないのはわかってない証拠だ、みたいな伝統があるのかな。東洋のように「言うものは知らず」じゃなくて、「言わないものは知らず」というところだから、とことん言い尽くすみたいな。

それはそれで大きな問題があるんだけど、逆に僕らとは対極的だから、非常に新鮮ではあった。ここまで言うのかって。「へぇー、曰く言い難しですませていたことをこんなにうまいこと言えるんだ」みたいに感心させられるところは確かにありましたよね。

良道　お互いに文化を共有し合ってる同士だったら、わざわざそれを全部言わないでちょこっとだけ言えばそれで通じ合えるけれど、文化的に共有するものを持ってないもの同士だとやっぱりすべてを言葉を使って説明しなきゃいけない。その徹底さというのはすごいですよね。それがいちばんよく見えるのが、アメリカの大学のクラスじゃないですか。いろんな国からの留学生が集まってくる。留学生だから他のクラスメイトは自分の文化を全然理解してくれない。

そのクラスメイトに向かって自分の文化を理解してもらえるように工夫して話さなきゃいけないという訓練ですよね。そういうことをわれわれはやったのですね。

われわれは自分の考えを日本語で話しても、それはそのまま英語でも話せる内容になっている。いまわたしたちはこうやって日本語でしゃべってるけど、これをそのまま英語に切り替えようと思ったら、すぐ切り替えられる。そういうしゃべり方をしていますよね。アメリカでのそういう苦労がものすごい訓練になったんですよ。

一照　わかりやすく話すということももちろん心がけなきゃいけなかった。わからなかったらズバズバ質問されますからね、伝わらなかったら話にならない。日本だと、こんな初歩的な質問をしたら申し訳ないとか、恥ずかしいとかで、じっと聞いてるだけの人が多いけど、アメリカだったら話してる最中に、「ちょっと待って。それわかりません」みたいな感じで気軽に質問されるからね。あと、真っ向から「わたしはそうは思いません。なぜなら……」ってチャレンジしてくるやつもいるし。確かにそういう意味では鍛えられたよね。

良道　われわれの話がわかりやすいと言ってもらえるのは、たぶんそこで鍛えられてるからなんですよ。

一照　日本のお寺の法話会のような場でそういうモードで話すと、「和尚(おしょう)さんの話しぶりは、法話じゃなくて学校の授業を聞いてるみたいです」とよく言われます。そういう時は「それはそうですよ。わたしはじめから、法話のつもりで話してないですから（笑）。言いたいことをわかってもらいたくて話してるのでそうなるんでしょうね」と答えてます。なにせ、全身の骨格標本なんかを見せたり、黒板にイラストをたくさん描いたり、英単語を並べたりするものだから……。

良道　まあ、それはそうでしょうね。アメリカの禅センターなんかで法話っぽい話をしてもたいして反応ないでしょうから。

一照　僕は聞いてて涙流すようなありがたいお話しなんかじゃダメだろうというのがあってね。それにそんな話は僕には逆立ちしたってできない。耳に心地よい、わかったようなわからないような、なんとなくありがたい話じゃ、せっかく時間割いて来てもらってるのに申し訳ないみたいな感じがする。「ごめんなさい。そんなお坊さんがするような話、わたしはできません」って謝ります（笑）。

良道　われわれは禅堂の近隣の大学から依頼されて毎週坐禅会をやってたんだけど、世界各国からのいろんな留学生が参加してくる。そういう人たちに向かって、なんとかわかってもらえる話をしようと努力した。だからいまでも、日本のお寺だろうがどういう場所に行こうが、やっぱりわたしはいつもその人たちに向かってわかってもらえる話をしようというつもりで話しています。日本語で話したとしても、これがそのまま英語に翻訳されて世界中の人に理解してもらえるような論理をいつも使おうとはしてきたんです。一照さんもそれは同じだと思う。
だから、やっぱりわれわれがアメリカに行って、アメリカの大学に出入りしたというのは意味がすごく大きかったんです。

一照　そうだね。そこで仏教学者の人たちといろいろ交流があったし、それからインサイト・メディテーション[*8]、ヴィパッサナーを指導している先生レベルの人たちとも縁ができたしね。たとえば、僕は年に二回ぐらい、ボストンのケンブリッジ・インサイト・メディテーション・センターの指導者のラリー・ローゼンバーグ[*9]さん、『Breath by Breath』（邦訳『呼吸による癒し』）という非常に定評のある本の著者だけど、あそこにワークショップをしに行ってた。ラリーさんは、澤木興道[*10]老師や内山興正老師のファンなんですよ。老師たちの本で英語になったものをよく読んでた。

良道　へえ、そうなんだ。

一照　それでお二人の教えとか只管打坐のこととかいろいろ話を聞きたがってね。こっちもそれの交換授業みたいな感じでヴィパッサナーの突っ込んだ話をいろいろ聞けたんですよ。かれが指導する十日間のヴィパッサナーのコースにもゲストで参加させてもらった。それからＩＭＳの付属研究所であるバリー・センター・フォー・ブッディスト・スタディーズにも所長のムソンさんに頼まれて、定期的にワークショップに行っていろいろ個人的に議論することができた。そういう指導者級の人と膝を突き合わせて話ができたというのは非常にありがたかった。かれらはみんな気さくで飾らないから、ほんとに話しやすい。

良道　一応わたしたちは曹洞宗を代表して曹洞宗から派遣されて行ったので、やっぱり道元禅師の坐禅に対する尊敬のおかげで、本当にいろんな人に出会えたということですね。アメリカというのは、世界中の仏教が来ているから、日本仏教の枠組みの外でいろんな仏教のあり方に出合えた、身をさらすことができたというのは大きな意味があったということですね。

一照　チベットの位の高いラマさんたちと話したこともあるしね。日本ではそんなことはなかなかありそうもない。僕らが住んでいたあの地域がなんといってもよかった。マサチューセッツ州の西部だったからそういうことが可能だった。それがたとえばアメリカの南部のほうだったら、それはまず無理。

良道　アメリカのことがわかった後から振り返ると、そんなことが可能なのはカリフォルニア

＊8―インサイト・メディテーション……insight meditation　洞察瞑想の意。ヴィパッサナー瞑想の英語訳。
＊9―ラリー・ローゼンバーグ……Larry Rosenberg（一九三二〜）マサチューセッツ州ケンブリッジにあるケンブリッジ・インサイト・メディテーション・センターの創設者。
＊10―澤木興道……（一八八〇〜一九六五）曹洞宗僧侶。安泰寺第五代住職。

州かマサチューセッツ州くらいしかなかったんですよ。まあ、あとニューヨーク州とか。われわれはまさにどんぴしゃりの場所に行ってたということですね。そこで本当に現代のアメリカが、仏教とかマインドフルネスとかそういうものに非常に強い関心を持っているということを知った。ということは、要するにわれわれが日本のお寺でいろいろやってたことが、文化の違うところでもちゃんと価値があるんだ、現代的な価値があるんだなということ、この両方を実感としてつかめたということですね。

仏教が世界中に広がっていく。でも特に現代の問題を解決する、そのいちばんのところにみんなが坐禅とか瞑想とか、マインドフルネスということに大きな期待をしているということをこの眼で見ることができた。

アメリカで坐禅を教えることから逆に学ぶ

一照　僕らは、別に曹洞宗の信者獲得のためにアメリカに行ったわけじゃなくて、坐禅という一つの行を伝えに行ったわけですよ。坐禅をちゃんと正確に正しくやってもらう。そのとき、やっぱりなんで坐禅が仏教の中心なのかということを説明する必要がある。そこで初めて教義を説明する必要が出てくるんです、坐禅の理論。だから仏教の場合、行だけを単独で切り離すんじゃなくて、行とそれを根拠づけている理論をやっぱりセットにしないといけないですよね。

行解相応（修行と教義の理解とのバランスが取れていること）ということね。

　ちょっと話がそれるけど、僕が感じてる大きな問題の一つは、日本ではいま坐禅会が流行ってるらしいけど、そこではあまり坐禅の理論みたいなことは言わない。なんでこういうふうに坐らなきゃいけないのか、ということをあまり説明されずに、頭ごなしに坐禅はこうです、みたいな話から出発して、とにかくこうやって坐りなさいということしか言わない。

　結局、みんな訳がわからないままに形だけで坐っているから、当初から持ってる坐禅への先入観が改められることがない。「坐禅ってきつくて痛いもんだから、我慢だ」みたいな思い込みが全然変わらないんです。通り一遍の坐禅のやり方を教えるだけでは、たぶん「坐禅もどき」しか伝わらないだろうと思うんですよね。形は坐禅のように見えるけど中身は別ものになっている。あるいはそれこそ文字通り本当にただ坐ってるだけで、まったく深まりがない。仏教としての行法になってない。そもそもそういう問題意識がない。

　それはやっぱり事前の説明が足らないことが大きな理由の一つだと思う。きっと、そういうことを指導している人がそもそも説明できないのかもしれない。そういうことをきちんと習っていないし、その必要性も感じていない。禅の修行道場に入ってまだ三カ月か四カ月の雲水さんが参禅指導とかをやらされてるところもある。だから、そこに坐禅に来てる人が素朴な質問をしても彼らは答えられないわけ。なんで半眼にするんですか、なぜ眼を閉じちゃいけないんんですか。この手の形は何か意味があるんですか、脚が組めないんだけどどうしたらいいですか、なんで壁に向かって坐るんですか、とか。

良道　言えるとしたら「昔からこう教えられていますからそうしてください」、くらいかな。あるいはもっと頭ごなしに、「ごちゃごちゃ言わないで、黙って坐れ！」とか。

一照　そうなんですよ。かれらが言えるとしたら〝Because they said so.〟だよ。これはアメリカで「なんでそんなことしなきゃいけないの？　なんで？　なんで？」ってしつこく口答えする子供に向かってお母さんがよく使う最終的なセリフ〝Because I said so.〟のもじり。「わたしがそう言ったからよ！」って意味（笑）。つまり「こういうふうに習ってますから」と言うしかないよね。自分自身わかってないんだから。だから、先輩のやり方を見て、背中から警策（きょうさく）という棒をあてて背中をまっすぐにさせようとしたり、意味もわからず「動くな！」とかどなったりしてる。これは大きな問題だと思う。そのレベルの坐禅が坐禅と思われて広まっていくから、どこでも坐禅会のリピーターが異常に少ない。お寺のほうも坐禅会を育てるということにあんまり熱心じゃないところもある。坐禅会を開いているだけで用がすんだみたいな感じ。

良道　でしょうね。それは感情的な問題なんです。お寺にとって坐禅会が負担になるというのは単純に場所とか時間の問題とかじゃないと思う。なぜかというと、坐禅会にわざわざ来るような人たちは本当に仏教を求めてるでしょ。この人たちが本当に真剣に仏教を求めちゃうと、自分の問題として仏教を求めていない自分たちの姿というのが見えてきちゃうんですよ。それだから参禅会を嫌うというのが本音だと思いますね。やったとしても通り一遍以上のことをやっちゃいけない。

一照　仏教を実存的に求めている人たちに直面するというのか、そういう人たちと向かい合ってお坊さんでいるというのはたぶん怖いのかもしれない。きつい。

良道　通り一遍の坐禅会だったら、まさに形の話ですむんだけど、通り一遍以上のことをすると途端に、自分の生き方の問題になってきてしまう。じゃあ、和尚さんにとって仏教とは、禅とはいったい何なんですか？　とかそんな問いかけをされたら非常に迷惑なんですよ。困ってしまう。そこまでは自分が仏教にコミットしてないことがわかってしまうから。それは、やっぱりプライドが傷つくでしょう。

一照　あるお坊さんが言ってたんだけど、一年とか二年、修行道場にいてもそこで何も本質的なことは学ばないままで自分のお寺に帰ってしまう。ただ資格を取るために規定の期間そこにいただけ。実質的な仏教のことはなんにも教えてくれない。だけど、それでちゃんと二等教師なり、住職資格なりを得たことになる。自分でも中身がないのを感じてるんだけど、外形はそれがあるかのように檀家さんとか、信者さんに接しなきゃいけない。結局そういう演技がうまくなるだけ、そういうお坊さんの振りすることだけがうまくなって、仏教者としてはその後まったく進歩がとまってしまう、そういう話を聞いた。

良道　わたしは、本当は自分に中身がないことをまず潔く認めよう、そこから出発しようとよびかけたいですね。なぜなら真理を求めるために、まず自分が真理がわかってないことを自覚するのが、出発点だから。

一照　もちろん、対世間用のみせかけじゃなくて自発的に参禅会を開いてる良心的なお坊さんもいるんだけど、やっぱり通り一遍のことしかできないって悩んでいる人が多いみたい。自分は習ってないからできないって言うけど、習ってないからは言い訳にならない。本当に自分が知りたかったら、そのために自分でどこにでも習いに行くはずだけど、それはやってない。

アメリカへ行くときに師匠から言われたのは、「いままで日本から禅僧が向こうに行ったことはある。しかし、それはせいぜい観光か、行ったことがあるという程度だ。だからお前は向こうに根をしっかり下ろして住め。そこに一人の人間として住んで、日本料理を食うんじゃなくてみんなが食ってるものを一緒に食って、同じ空気を吸って、アルバイトをやってサバイバルしろ」と。法衣を脱いでジーパンはいて肉体労働をやっていれば生々しい形でかれらに直面してしまいますよね。お坊さんという特権的な場にいすわらないで、そういう当たり前の生身の人間として暮らして、そこで坐禅してろということです。

良道　ハフィントンポスト[*11]が日本版を始めるにあたって、アリアナ・ハフィントン[*12]さんみたいな人が、安倍首相と対談して「坐禅の中に日本の困難さを解く鍵があるのではないですか？」なんて進言する。あれは全然おかしくもなんともない話ですね。あれがいまのアメリカの常識だから。だけど、当の日本では全然それが常識になってない。

一照　アメリカというのは実力主義というか、良道さんがとてもついていけないと言った競争の激しい、お前のベストを尽くして夢を実現しろ、みたいなカルチャーなわけでしょ。しゃべることにしても、それから行動にしても、とにかく外に向かってなんかやれという、行け行け、ゴーゴーというところですよね。

ところが坐禅というのはそれにストップと言って、待ったをかけてるわけでしょ。それこそお釈迦さまが言った表現だと、アメリカの「世の流れに逆ら」ってることになる。アメリカの主流の原理に真っ向から、まさに流れに逆らうものなんですよ、坐禅というのは。行動形態からしてそうですよ。走り回ってる連中のまっただ中で、脚を組んで坐り込むし、手も動かさな

＊11―ハフィントンポスト……The Huffington Post　アメリカのインターネット上のニュースサイト。全米一のアクセス数を集める。二〇一三年に、その日本版が開設される。

＊12―アリアナ・ハフィントン……Arianna Huffington（一九五〇〜）ハフィントンポストの創設者。日本版開設にあたって、安倍首相などと対談を行う。

い、口も閉じてぺちゃぺちゃしゃべらない。ああだこうだという戦略も考えないというんだから、これはもう非常にラディカルな反体制のジェスチャーですよ。

ヒッピーとカウンターカルチャーと禅の関係

一照　そういう文化で、僕らが出会った仏教の担い手ってだいたいヒッピーとかカウンターカルチャーの世代の人たちでしょ。五〇年代までのアメリカで主流だった「行け行け、ゴーゴー」という「やってなんぼ」みたいな競争的、拡大的価値観に根本的疑問を抱いた人たち。「行け行け、ゴーゴー」をやったら、国としてすごい成果が上がったわけですよ、アメリカは。ものすごいパワーと富をアメリカは手にした。でも、その栄光の陰にいろいろ深刻な問題があるということがだんだんわかってきた、六〇年代になって。やっぱり先鋭的な人、あるいは思考の柔軟な、これからそういう社会を引き継いでいかなきゃいけない若い世代が「ちょっと待ってくれよ」ということになった。そういう意識が背景にあって、日本から[13]鈴木俊隆（しゅんりゅう）さんとか[14]弟子丸泰仙（でしまるたいせん）さんが欧米に行って、手も足も動かさない、口も動かさない、頭も人を出し抜くアイデアをひねり出すために使わない坐禅を教えた。彼らにとってまさに青天の霹靂（へきれき）みたいな、そういう驚くような実践があって、それが仏教の核心なんだって教わった。

その前に[15]鈴木大拙（だいせつ）さんとか[16]アラン・ワッツ氏といった人が禅のことを書物で教えているけど、

それは修行の結果だけを説いているようなもので、じゃ、どういうふうにしたらそういうふうになれるのか、という実践は教えていなかった。だけど、「ああなりたいな」「そういう世界を味わいたいな」という人たちがヨダレを垂らしてるときに鈴木俊隆という五十過ぎた禅僧がアメリカに、一方、弟子丸泰仙という魁偉（かいい）な容貌（ようぼう）をした五十過ぎの僧侶がヨーロッパに、この二人が、同じくらいの年齢で海を渡っていった。後から振り返ると、タイミングも組み合わせも不思議なくらいバッチリだったんです。求める側と与える側のタイミングと人物がピタッと合ったら文化的にどれだけのことが起こるかってことのいい例だよね、欧米の禅ブームというのは。

弟子丸さんもヨーロッパに行ってからわずか二、三年で一万五千人ぐらいの会員の禅協会を作ったし、鈴木俊隆老師もアメリカにいたのはわずか十二年くらい。弟子丸さんは十五年くらい。それがいまに続くああいう欧米の禅の礎石を築いた。僕らがアメリカに行ったのはその後

＊13―鈴木俊隆……（一九〇五～一九七一）曹洞宗僧侶。アメリカに禅を広めた。サンフランシスコ禅センター創設者。
＊14―弟子丸泰仙……（一九一四～一九八二）曹洞宗僧侶。ヨーロッパに禅を広めた。国際禅協会創設者。
＊15―鈴木大拙……（一八七〇～一九六六）禅についての著作を英語で著し、日本の禅文化を海外に広く知らしめた。
＊16―アラン・ワッツ……（一九一五～一九七三）イギリス生まれの思想家、著述家。東洋思想の紹介に努めた。

になります。ブームが落ち着いてきたころに行った。だからヒッピー文化が退潮して、ヒッピーがヤッピーになりかかってるころですよね。

僕らの周りにはそんな中でヒッピーのまま生き続けようという、ある意味では不器用な人たちが残っていた。あのジャックさんのこと覚えてる？　禅堂の前の林の中に、水も電気もないUFO形の小屋を自分で作って、ダウン症の息子さんと住んでた人。いつも上半身裸で暮らしていて、ときどきマリファナを吸ってた人。僕もかれと一緒によくアルバイトをしたなあ。僕らがいるころ、よくビールを提げて持ってきて、かれは臨済宗の禅をやってたから、なんだかんだ議論をふっかけてくるんだよね。自分で禅の古典である『碧巌録（へきがんろく）』を英語に訳したりして、「ここの漢字はどういう意味なんだ？」なんてよく質問されたよ。いまある英訳では禅として全然ダメだなんて言ってね。

良道　はい、覚えてます。こうして振り返ると、われわれの周りには仏教を学んでいる個性的で魅力的なアメリカ人がたくさんいましたよね。そういう人たちにおおいに刺激を受けたんだけれど、一照さん自身の修行そのものはアメリカでどういう影響を受けましたか？

一照　そうだね。影響といえば、そりゃ十七年半あまりの間、かれらの中でもまれるようにして暮らしたからいろいろ言えば言えるけど、良道さんとのいまの話の中で言っておきたいと思うのは、かれらの熱心さの奥にある重大な問題がだんだん見えてきてそれが自分自身の修行観を根底から揺さぶったということかな。

良道　それはどういうこと？

一照　日本からアメリカの禅の様子を見に来た人たちの感想を聞くとみんな決まって、「かれらの熱心さに感動した」と言う。その気持ちはよくわかるんだけど、僕はやっぱりそれじゃあ観察がまだ浅いと思うようになったんですよ。そういうことを言う人に比べたらアメリカの人たちは仏教を自分の人生に引きつけてやっている。自分はこのままではいけない、仏教によってそこを解決したいって、まじめに取り組んでいる。そこまで踏み込んで仏教に関わっていない人はそりゃ驚くよね、「なんでそんなに熱心なんだろう!?」って。

でも、その熱心さがそもそもどこから来ているのか？　よくよく見ているとそれは多くの場合、「我」、つまりエゴであることがわかってきたんですよ。もっと言うと、修行が「自我」の表現になっているということかな。「わたしが、わたしが」というところから出発して、結局その範囲から抜け出せない。そして、そういう熱心さで只管打坐の坐禅をやるから、皮肉なことに只管打坐にならないという例をたくさん目にしたんです。「無所得無所悟（得るところなく悟るところなし）」とか「作仏を図らず（仏になろうとしない）」というのが只管打坐のはずなのに、頭ではわかっているのに、やっぱり心の深いところでは坐禅は何かのための方法、テクニックという態度でやっているところがあるんですよ。だからどことなく悲壮感が漂っている。おおらかさというかのびのびしたところがない。できた、できない、自分はうまくできているかどうか、進歩してるかどうか、そういうことばかり気にしている。実のところ、僕自身もその例外じゃなかったからね。

これは禅堂で指導者という役についていた僕には大きな宿題になった。どうしたらかれらの取り組み方そのものに質的な転換をもたらすことができるのか、アメリカにいた時間のうちの後半はこの問題がいつも念頭にあったような気がします。

良道　わたしもビルマの瞑想センターにいたとき同じようなケースをたくさん見ましたよ。大きな期待とかやる気とかがかえって修行の深まりを邪魔してるっていう……。

一照　へえー、ビルマでもそうなんだ。日本の場合だと、修行に対する熱心さが足りないというのが問題になるんだけど、アメリカではその熱心さが逆に問題になる。仏教でいう八正道（はっしょうどう）でも精進、一生懸命に修行に励む、ということが強調されているけど、その精進という言葉の前には「正しい」という字がついていて、つまり「正精進」じゃなきゃいけない。そうでなければそれは仏教的な修行とは言えない。「我」が貪り、怒り、無知に駆られて頑張っているようなのは、いくら不惜身命（ふしゃくしんみょう）で一生懸命にやっても修行というに値しないということなんですよ。坐禅はそういう「俺が頑張って、やってやるんだ」というようなクオリティの身心の状態ではそもそもできないような仕組みになっているということが実感としてわかったというのは、アメリカで「熱心な」かれらと散々苦労を共にしたおかげだと思ってます。ごり押しの頑張りや強引な努力だけではどうしても入っていけない世界なんだというのがだんだん見えてきた。

メソッドをきちんとこなす、身につけるというのはエクササイズとかトレーニングの世界ならそれでいいんだけど、わたしがスピリチュアルなテクニックを練習してそれに上達するというだけでは宗教の話にはならない。やっぱり坐禅は「宗教的な行」なんですから、そういうものとして理解し、行じなくてはならないということですね。そこがアメリカの仏教の盲点というか弱いところだと見えるようになったことは、僕には大きな意味がありますね。

それともう一つは、体に働きかけて身心の調和を取り戻そうとするいわゆるボディワークをやっている人たちとの交流からの影響も大きい。正しくかつ楽に坐禅するための具体的な筋道とか理論がそういう世界に豊かに蓄積されているということがわかったのは、ものすごく励みになった。自然な形で坐禅できる身心をどう育てていくかという工夫をするうえで僕には欠かせないリソースの一つになっている。まだまだその探求の入り口に立った程度だけど……。ボディワークの世界でも、自己意識の頑張りとか意志的コントロールで体や息を方法的に操るというのではなく、まさに「ちからをもいれず、こころをもつひやさず」というあり方での動きや姿勢を探究している人たちがいて、その点で僕の理解している坐禅と同じ方向性なんですよ。だから、かれらやそれから東洋の武術を本気でやっている人たちとの交流もいまの僕にものすごく影響してます。

良道さんの場合はどうなの？　あなたの場合はアメリカで暮らしたのは三年間くらいだったけど、やっぱりそれがなかったらいまの自分はないというような影響を受けた？

良道　それまで日本の禅寺という非常に狭い世界でやっていたことが、もっと広い文脈でもちゃんと意味を持っているんだと知って、おおいに勇気づけられた。そのことがやはり決定的でしたね。自信にも繫がった。だけどそれは、広い場所に出て様々なものにさらされることで、これまでの自分の仏教理解の枠組み、修行とはこういうものだという思い込みそのものを、もう一回根底から問い直すことを求められた面もあるわけです。われわれは一応日本の禅寺で習った公式の「答え」を持って、それをアメリカに伝えに来たと思っていたでしょう。ところがその答えそのものが再検討を迫られたといえる。いわば何か盲点をつかれたような、いままでまったく頭になかったあることが、どうやら非常に重要らしい。え、そんなこと日本で習っていないのだけれど、と焦ってしまったわけです。それが「マインドフルネス」というコンセプトだったんです。日本ではそんな言葉習っていなかったでしょう？「マインドフル、マインドフル」とアメリカでやたらに耳に入ってくるけれど、それっていったい何のこと？　まあ、この「マインドフルネス」がその後の私の人生に決定的な影響を与えるようになるとは、まだ当時は想像もしていなかったんですけどね。

一照　なるほど。僕もマインドフルとかマインドフルネスという言葉はアメリカで初めて耳にしました。あれからあっという間にその言葉がアメリカに広まってしまったし、いまはその波が日本にも押し寄せてきているという状況ですよね。じゃあ今度はそのマインドフルネスをめぐって話をすることにしましょう。日本でも西洋でも、この言葉を抜きにしてはいまの仏教を語れないと言っても言いすぎじゃないからね。

第三章
マインドフルネスという切り口

ティク・ナット・ハン師の衝撃

一照　良道さんはもともと曹洞宗のお坊さんだったけど、ある時点でそれを返上してビルマにまで行って、テーラワーダ仏教の正式な比丘になった。そのビルマの道場で日本の坐禅とはかなり違うテーラワーダの瞑想のやり方を学んできた。僕は当時アメリカにいて、良道さんがビルマへ行ったと人づてに聞いて、もちろん少し驚いた。でも同時にああ、やっぱりなという思いもあった。そのあたりの事情を本人から今日は直接聞きたいですね。

良道　はい、自分の一存で。そのあたりの事情について、一照さんにもまだきちんと話していないこともあるので、順を追って説明しますね。

われわれはアメリカに自分たちが日本で学び修行した道元禅師の坐禅を伝えに行ったわけだけれど、そこで日本以外のいろいろな伝統の仏教に身をさらすことになったわけですね。日本では決して物理的に遭遇しないような仏教でした。二〇一三年のいまはすでにアジアの仏教の様々な伝統も日本で活発に活動していますけれど、私と一照さんがアメリカに行った八〇年代終わりにはほとんどありませんでした。

その出合いの中で一番強烈だったのは、「マインドフルネス（mindfullness）」という言葉です。マインドフルネスという言葉が非常に強い勢いで八〇年代から九〇年代のアメリカで流通して、その流れの中心にいた人がベトナム人禅僧のティク・ナット・ハン師でした。ティク・ナット・ハン師の英語の本は、そのころわれわれが出入りしていたアメリカの書店の仏教書コーナーにたくさんありました。読んでみると非常に面白いし、新鮮でしたよね。確かに面白いのだけれど、わたしには何か消化不良なものが残ったんです。それがハン師が繰り返し使われるマインドフルネスという言葉でした。マインドフルネス、いったいそれはなんだ？　そんなもの日本では習っていないぞ、という感じだったんです。

残念ながらアメリカにいるときにはお会いできなかったのですが、一九九五年に例のオウムの一連の事件があったその直後にティク・ナット・ハン師が来日されて、実際にお会いすることになった。一照さんが通訳でついていたので、いろいろと便宜をはかってくれて少人数のグループで、ハン師と膝を突き合わせてお話しできました。噂には聞いていたけれどもマインドフルネスを実際に生きるというのはこういうことなのか。それを目の当たりにして、どうもマインドフルネスというのがわたしのそのころの行き詰まりを打破してくれる鍵になるのではという気がしてきたのです。わたしは内山老師にお会いして、君の病気は思いの過剰が原因だよ、だから思いの手放しを修行しなさいと言われて、坐禅修行を始めました。でも、この「思いの

＊17―ティク・ナット・ハン……釈一行（一九二六〜）ベトナム出身の禅僧・平和運動家・詩人。

手放し」が最後のところでどうにもできない。ここで行き詰まっていました。そういうときにティク・ナット・ハン師に実際にお会いすると、この方がご自分の思いから自由になっているのはすぐにわかりました。ハン師が思いの手放しを完璧にできているのは、その教えの中心であるマインドフルネスの実践をしているためではないのかな、そう思ったのです。

その後、自分なりにハン師の本を参考にマインドフルネスを研究し、実践も始めたのだけれど、もちろん一人ではどうにもならない。きちんと先生につかなければと思っていました。さらに研究をすすめるとマインドフルネスを一番本格的にやっているのはテーラワーダ仏教の伝統であることがわかってきました。そのころ少しずつスリランカやビルマの長老たちが日本でも活動を始めていらしたので、その瞑想会などに参加するようになりました。そして二〇〇一年に、パオ・セヤドーというビルマの瞑想の先生とのご縁で、ビルマまで行き比丘にもしていただいたという流れです。

一照　それじゃ、良道さんは最初はアメリカでティク・ナット・ハンさんを通してマインドフルネスという考え方に関心を持っていたということね。一九九五年に、僕もあのときは通訳としてティク・ナット・ハンさんと一緒にずっと旅をしました。ティク・ナット・ハンさんがプライベートに日本仏教の未来を本気で考えている出家者たちと会いたいと言われたので、京都の吉田山の近くで皆で会合を持ちましたね。良道さんもそこに来てくれたわけだね。

良道　はい、あのときのハン師との出会いがわたしにとってかなり衝撃的だったことは確かです。おりしもそれは、一九九五年のオウムの事件の直後だったのも大きかったですね。

一照　オウムがサリンを東京の地下鉄で撒いたのが三月二〇日で、世の中がいまだに騒然としていた四月の後半から五月にかけて、ティク・ナット・ハン師が日本の各地でリトリートをしたのだから、これも本当に象徴的な出来事だよね。いまからふりかえると。

良道　わたしはハン師によって、絶望の淵にあった日本が救われたのだと思っています。これは個人的感慨だけれど。ともかくハン師と出会うことで、見えてきたのが、「サンガ」という問題なんですよ。一照さんがさきほど指摘された三つのモードではない、第四のあり方の仏教。

一照　行者さんというか修行者、英語でいうとプラクティショナー（practitioner）の仏教だね。サンガというのはそういう仏教修行者の共同体のこと。

良道　はい、その修行の仏教を実際に始めてみると、あらゆる困難が待っていたわけです。日本の場合は。修行者だって生活していかなければならないわけです。その生活できる場所こそ、本来のサンガです。それが見事に日本の場合にはない。もちろん、数年間ぐらい修行できるような修行寺はまだまだあるのだけれど、そこもいられるのは数年間だけで、もっと長期、あるいは一生いられる場所はこの国にはない。

この問題は日本ではほとんど意識に上ってきませんが、わたしにとっては大問題でした。ハン師と出会い、サンガというものがとても大事だよと言われても、そんなサンガなど日本には存在していないのだからどうしたらいいの？　ということになる。それなら自分たちで作るしかないということになり、数人の仲間たちと高知の山奥でそういう場所を作り始めました。でも非常に大変でした。そのうち、テーラワーダの長老たちとの親交を深めていくにつれて、ビルマなどにはマインドフルネス瞑想ばかりではなく、瞑想を実践しながら修行者が安心して生活できる場所が、実に豊かに存在していることがわかってきました。自分で作るのはあまりに大変だから、ならばすでにできているところに飛び込もうと、ビルマに行ったわけです。

マインドフルネスとサティと念

一照　それで良道さんは、マインドフルネスの語源である「サティ（sati）」というのを真正面から、しかもシステマティックに修行している本場のビルマに行って学ぼうということで、とうとう行っちゃったわけだね。

良道　そうですね。マインドフルネスという英語は、「サティ」というパーリ語の翻訳です。そのサティというのがビルマを中心とするテーラワーダ仏教の実践の中心になっています。

一照　かれらの修行のいちばん核心にあるのが「サティ」、それを英語でマインドフルネスと呼ぶ。それは一つのスキルと思っていいわけね。訓練によって身につけることができるスキル、技術。

良道　そうですね。サティというものが、要するに気になってしょうがない。とにかくその気になっているものを、実際に見に行くというのが主な目的でしたね。

一照　良道さんは日本仏教の中で修行した後、僕と一緒にアメリカへ行き、いったんは日本に帰ってきてしばらくやっているうちに、日本からビルマへ行ったわけですね。でも、日本の仏教の中には、その「サティ」というのはないわけじゃない。

良道　ないわけではないけれど、非常に弱いという気がしてならないのですよ。サティというのは漢訳経典だと「念」になるわけですよね。

一照　それは漢字で「念ずる」と書く「念」だね。

良道　では漢訳経典の中での「念」が本当にマインドフルネス（サティ）の意味で使われてきたかというと、非常に弱いですよね、そこが。

一照　いま良道さんが言ってるのは、「いま起きてることに判断を差し挟まずにはっきりと気がついている」という意味の「マインドフルネス」ですか。

良道　そうですね。はい。

一照　念仏の念もサティだからね。サンスクリット語だと「スムルティ」と言うんだっけ？

良道　そう。「サティ」というのは疑問の余地なく素晴らしいものだというのがテーラワーダ仏教界の常識です。ティク・ナット・ハン師もまったく同じ立場です。だけど、漢字の「念」というのは、必ずしも「一〇〇%いいもんだ」ということではないのでは。

一照　だから妄念とか、邪念とか、「妄」や「邪」という漢字と一緒になっている。

良道　まさにそれを言いたかったんだけれども、道元禅師の最後の著作に『正法眼蔵　八大人覚』というものがあって、お釈迦さまの経典を引用しながら、八つの修行のポイントを話されています。小欲知足などと並んで、その五番目が不忘念ですね。

一照　「ふぼうねん」とも読むね。「念を忘れちゃいけない」。それがまさにサティでしょう。漢字でよく似てるけど、妄念の「妄」じゃないよ。「忘れる」の「忘」。

良道　一照さんも知っていると思うけど、この「不忘念」をめぐる有名な話がありますね。この『正法眼蔵　八大人覚』の中で引用されているのは、お釈迦さまの遺言でもある『仏遺教経』です。二月十五日のお釈迦さまの「涅槃会」の法要では、『仏遺教経』を読みます。その法要の前に、お経の勉強会をするのが安泰寺の昔からの習わしでした。内山興正老師がまだ若いころにその勉強会で八つあるうちの「不忘念」が担当になった。

「不忘念」。これはテーラワーダ的には非常に簡単な話です。「いつもマインドフルネスを忘れないようにしなさい」という意味で、「はい、わかりました」となるわけですよ。ところが、これが日本仏教の文脈になるとどうなるかというと、若き日の内山老師ですら勘違いをされた。

一照 ああ、「忘」じゃなくて「妄」に誤解したというエピソードだね。漢字が似てるもんね。うっかりすると「不妄念」に見えちゃって「妄想するな」という意味に取ってしまう。

良道 あのころ内山老師はまだ若い雲水だったので忙しくて「不忘念がお前の担当だよ」と言われても、勉強する時間がなくてちらっとだけテクストを見て、「ああ、はい、わかった」と思って、不妄念をイメージしてしまった。それでちょっと時間ができて落ち着いてテクストを読んでみたら、不妄念ではなくて不忘念ではないですか。で、びっくり仰天した。この話はわたしも昔から聞いていたのだけれど、これは単なる勘違いではすまされないのですよ。そこには何か歴史的必然性があるわけです。テーラワーダでマインドフルネスを学び、それが漢字だと念だとわかって、この逸話の深い意味がわかりました。

一照 日本仏教の文脈ではそういう勘違いをするのも無理ないということね。念というものの見方がテーラワーダとはだいぶ違う。

良道 無理もない。歴史的必然性のある勘違いだった、大げさに言うと。だからこれはやっぱり「念」というのは、あくまでも悪いものだということに心理的影響を受けていたわけです。

一照 雑念とかいう表現を使うしね。

良道 妄念とはいかなくても雑念ということですよね。

一照 この場合の念というのは「思考」という意味でしょ。思念だからね。考え事のこと。

良道　テーラワーダの文脈の中ではなんの疑問もないことが、見事に歴史的な必然性でもって勘違いのもとになった。このことからわかるのは、マインドフルネスというのがもともと日本にもあるのではというのは、その通りだけれども、必ずしもテーラワーダのような強度では存在していなかったことは認めざるを得ないのではないか。

そうなのだけれども、不思議なことに、わたしも一照さんもやってきた禅の修行というのはマインドフルネスという観点から見れば、非常に意味があるわけですよね。たとえば「応量器（おうりょうき）」というものがあって……。

一照　禅のお坊さんが食事をするときに使うお椀（わん）のセットのことね。

良道　それをたとえば永平寺（えいへいじ）などの修行道場へ行った場合に、そのお椀のセットをどうやって並べるかということを徹底的に訓練されるわけですね。

一照　食事の作法ということでね。お箸の持ち方、使い方、お椀の取り方、置き方、そういうことのすべてを決まった作法でやるようにたたき込まれるのね。

良道　お箸の並べ方も全部決まっている。禅寺の生活というのはすべて立ち居振る舞いを徹底的に指導されます。トイレのドアの開け方からして。そういう修行はいったいなんのためかというと、実は「マインドフルネスを養うため」。だからマインドフルネスというものを入れた途端に、禅寺での修行がすべていきなり深い意味を持つ。だけれども同時にもしそこにマインドフルネスというものが入らなかった場合に、あれは非常に狭い意味での形式主義になってしまうわけですよね。

一照　そうなってくるね。形だけで精神が失われてくる。外見だけが問題にされて、心がこもらなくて、ただ決められた形通りに体を動かしているだけ。そうなると作法というのも本来のスピリットが失われて、ただ窮屈な形に無理やり従うだけのことになる。

良道　型が強調されるんだけれども、その型を強調するのはなんのためか？　本来はマインドフルネスを養うためだったんですよね。だから、「マインドフルネスは日本にもあっただろう」というのは半分イエスで半分ノーとわたしは言わざるを得ないんですよ。

一照　あったはずのものが、あるいは本来そういう形で伝わってきたものが、そのうち外形だけが残って中身がなくなってしまったということだね。

マインドフルネスを日本仏教に再導入する！

良道　だからそこで、日本仏教の非常に微妙で面白いポジションが出てくる。現在、世界的にいってもマインドフルネスというものがすごく普及して非常に大事にされている。ところが日本では、そのマインドフルネスは本来はあったけれども必ずしも発達しなかったというのが現実なので、そのためにいろいろわれわれは苦労をしなきゃいけなかった。ということは、逆に言うと、いまマインドフルネスをもう一回日本仏教の中に入れてしまえば、またガラリと状況が変わる可能性がおおいにある。

一照　ティク・ナット・ハンさんがそれをやってるんだと思うよ。あの人は、いまはかなり禅の色合いが薄れてきた感じがするけど、初期のころは僕が訳した『禅への鍵』なんかを見ると、最初にお寺に小僧で入ったときに読んだ本はまさに偈頌(げじゅ)の本だったと。手を洗うときにはちゃんとそれ用の偈頌を唱えてから洗ったと。日常の所作すべてをマインドフルネスにするための偈頌なんだという言い方をしてるよね。

この間、ジョン・カバット・ジンさんが日本に来て講演やリトリートをやったんだけど、そのときパネルディスカッションがあって、僕はパネリストの一人としてその偈頌のことを話して、マインドフルネスにはそういう側面もありますよということを強調したんですよ。カバット・ジンさんのマインドフルネスはあまりにも「判断を交えずにいま起きてることに気がつく」ということだけが強調されすぎている気がするんですよ。

サティの中には「憶念(おくねん)」といって忘れないでいるという意味も入ってる、英語だとリメンバランス (remembrance) というふうに訳されてるけどね。だから一つ一つ何かの行いをする前に「いまからわたしはこれをやるんだ。それはこういう意味でやるんだ」というようなパンクチュエーションというのかな、動作に句読点を入れるような工夫というのがあらゆる行いについて、禅の中でなされているという話をしました。それはちゃんと『華厳経』に載ってるんです、すごい数の「偈頌」のリストというのが。「浄行品」という章ね、「ピュアな行いをするための章」というところに偈頌がいっぱい書いてあるのね。こういうことをするときはこういう念を持って行いをしなさいというふうに。浄行というのはマインドフルネスにあふれた行いということでしょう？

　こういうこともマインドフルネスの一つの大事な一面としてあるから、必ずしもノンジャッジメンタルに、つまり「判断を加えないで」という意味だけじゃなくて、「何か行為をするときに、なんのためにするのかを忘れないように、あるいはこういう思いで行いをするんだということを思い出してから、やる」というのもマインドフルネスの一つの大事な側面だと押さえておく必要がある。あまりにも一方だけが強調されると、本来持ってるサティの豊かさというのが失われるんじゃないかという話をしたんですけどね。

　特に曹洞宗なんかでは、「威儀即仏法、作法是宗旨」という形で日常の挙措動作や所作が大事だって言われてるし、それこそトイレの入り方とか顔の洗い方とか、爪楊枝の使い方まで全部決められているんだけど、いまの僕らがそれを読んだら、これは単なる窮屈な作法にしか見えない。マインドフルネスということがそこになかったらね。作法、つまり日常の動作がちゃんと法にかなっているのが禅だというか、仏法だと言われているわけだけど、それがちゃんと受け止められていない。単なるスローガンになっていて、本当にそれが体現（embody）されてないというところに大きな問題があると思う。

日本の仏教に全然なかったものを外から輸入するというものではなくて本来あったはずのものがいつの間にか見失われてしまっている。別に日本がすごいという意味じゃないけど、身近にあるものにもう一回新しい光を当ててちゃんと生かしていくというのが、僕らとしては必要というか、これからやるべきことじゃないかなと思いますけどね。

あまり「日本、日本」と言うと、ナショナリストみたいに聞こえるんだけど、そういう意味ではなくて、ちゃんと身近に「よく見れば足元にあるよ」ということはあると思いますけどね。

良道　だからその型にとらわれたときに何が置いてきぼりにされているかというと、やっぱり自分の心なんですよね。自分の心が全然落ち着いていないのに型だけはきちんと滞（とどこお）りなく進行してしまう。極端な話、形さえできていれば後はどうでもいいと問題にすらされなくなる。

一照　でも実際は、やっぱり心が失われていて型だけがちゃんとできるということはないと思うよ、僕は。よく見たらそれはやっぱり形骸化した形で、心のこもった、それこそマインドフルな本当の型とはやっぱり微妙なところで違ってると思うし、第一やってる当人にとっては、経験の意味が全然違うと思います。内的な風景というかね、それが全然違うはずだよ。ただ言われるから、怒られるから形式的にやってる作法と、ちゃんと心がこもってそれこそマインドフルにちゃんと味わいながらやってるのでは、外から見たら同じに見えるかもしれないけど、やっている当人にとっては苦痛と喜びぐらい違うと思いますよ。だから心がこもらないで型だけが成り立つということは、本当はないと思います。

良道　本当はないはずなのに、でも実際は、心なしに型だけが行われている現実があるわけで。

一照　それはみんなが、型というのはしょせんそういうもんだと思ってるからというだけだよ。型というのは窮屈なもんで、仕方ないから我慢してやるもんだって。坐禅もそういうものだと思われている節があるね。

良道　だからそこにマインドフルネスという観点を入れるだけでガラリと変わってしまう。どういうことかというと、どうも心というものを問題にすることが禅の修行道場ですらなかったのではないか。この問題はとても大きなものを含んでいます。仏教がすっかり形骸化したこと、修行する仏教というものがないこと、あるいは修行者が一生いられる場所がないこと、そういうものと全部繋がってきます。基本的な前提として「自分の心が問題だ」という、そういう発想法がなかったことが、あらゆる問題を生み出している。

その発想法がなかったから、仏教のテキストというのは誰か他人が書いたものにすぎなくて、そのテキストで自分のこの心がどういうふうに変化していくのか、深まっていくのかという発想が出てこない。

一照　いま、良道さんが言った「自分の心が問題だ」っていうのはどういうことなのか、もう少し話してくれる？　それが抜けたら仏教も骨抜きになってしまうというくらい重要な問題っていうことなんだよね。

道元禅師からお釈迦さまと繋がる

良道　先ほど「思いの手放し」がなかなかできなくて、その行き詰まりを打破するものがマインドフルネスであるらしいということを、ティク・ナット・ハン師やテーラワーダの長老方に会うことで確信を深めて、とうとうマインドフルネスの本場のビルマまで行ったことはお話ししました。

ビルマにはマインドフルネスを深めるさまざまな瞑想技法があることがわかったので、そこまで行ったわけです。もともとわたしにとってお釈迦さまがなんといっても最重要だったのです。一照さんもたぶん感じてきたと思うけど、曹洞宗という教団に入るとどうなるかというと、やっぱり曹洞宗の教えというものが最初に出てきますね。まあ当然だけれど。ただわたしはそれでは少し順番が違うのではないかと感じたのです。わたしはまずはお釈迦さまと繋がりたかった。お釈迦さまと繋がりたいから、道元禅師に繋がったわけです。なぜかというと、道元禅師はお釈迦さまと繋がってる人だから。内山老師との繋がりも同じことです。内山老師↓道元禅師→お釈迦さまという、この繋がりが大事なわけで、お釈迦さまとの繋がりがあいまいなままで、何か一つの教団の教えと言われてもちょっと困るという感じがずっとあったんですよ。

一照　道元禅師から先にはどうしても行かないからね。話はいつも道元禅師から始まってそこで終わってしまう。

良道　そうそう。

一照　曹洞宗は一応は、「一仏両祖（いちぶつりょうそ）」と言って、お釈迦さまとそれから道元禅師、瑩山（けいざん）禅師と言うけど、お釈迦さまのことをそういう形で尊敬はしてるけど、教えとしては道元禅師より以前には行かない、というところがあるね。

良道　教団というものの性質上、必然的にそうなってしまうんですよ。だけれども、まさにそれは道元禅師自身に反することではないのかなと思うんです。道元禅師はお釈迦さまをまっすぐに見ていた方ですからね。

一照　道元禅師自身は「正伝の仏法」という釈尊から切れ目なくずっと伝わってきた仏法を伝えているという立場なので、別に曹洞宗という新しい宗派を立てるという意識はまったくないし、そういうことをするなって、それは違うよとちゃんと言ってるんですけどね。

良道　だから、わたしがお釈迦さまを尊敬し、お釈迦さまに繋がりたいというのはまさに道元禅師の教えそのものなのです。だけれども道元禅師を中心とする曹洞宗教団というのは、いま一照さんが言われた通りで、そこでぷつんと切れてしまう。そこから「はい、これが曹洞宗の教えです」というふうに出されてくる。それだと道元禅師の意図されたこととすら違うのではないか。これはもう原理的にいってもちょっとおかしいんじゃないのと感じたのです。

でもいまはビルマとかスリランカとかへ簡単に行ける時代です。そして英語さえ使えたら簡単にビルマやスリランカの先生たちとコミュニケーションできて、一気に核心部分へ迫れる。だったらこれはわたしとしてはやらざるを得ないかなということになってきてしまった。

マインドフルネスを学びたかったのは、思いの手放しのやり方としてでした。つまり思いの手放しをあまりうまくできていない自分というものを、わたしはまあ認めざるを得なかった。だけども問題は思いの手放しということを本気でやろうとするなら、まずは思いの手放しができているかどうかをチェックしなければならない。ところがこのチェック自体が日本では行われていない。そんなことは何かタブー扱いですよね。

一照　できている人がほとんどいないからかな？（笑）。きちんとできてる、できてないということは不問に付して、坐禅の格好をしてたらもうそれで話はおしまいみたいな状態。それ以上はつべこべ言うな、うるさいってことなんだろうか。まあ、さっき言ってた通り一遍の坐禅のレベルでいい人はそれで事はすんでるんだろうね。もうそんな話は聞きたくないというか、蒸し返して欲しくない。そこから先に踏み込んだら厄介なことになりそうな気がなんとなくしてるっていうか……。

良道　坐禅したらそれでおしまいなんだというのは、それは原理的、究極的には正しいんだけども、現実的には思いを手放せていない結果としていろんな人間関係にトラブルを起こしている、未解決の問題が山ほどある。そしたら、それをやっぱり認めてしまおう。しかも、思いの手放しのかなりはっきりしたやり方というのは、どうもそれこそお釈迦様から直接伝わったような場所に、具体的にはスリランカとかミャンマーとかにあるということがわかってきたら、ちょっと行かざるを得ないかなという気がしてきたんです。

一照　たぶん曹洞宗に限らないと思うけど、日本の宗派というのは主流になっているのは鎌倉仏教が起源のものがほとんどで、親鸞（しんらん）さんとか日蓮（にちれん）さんといった方々が宗祖になっているので「宗祖無謬（むびゅう）説」で、宗祖は間違いないということになる。それを受け入れるところからすべてが始まっているんですよね。だからお釈迦さまとどのぐらい違うこと言ってるかって、そういうのはまず問題にされないんですよ。

僕はアメリカに行くときに「海外開教師」の辞令をもらうために宗務庁というところへ行ったんですけど、そのときに初めて聞いた言葉が「宗門」という言葉。「宗門のためにアメリカで頑張ってください」というふうに言われて、「えっ、宗門ってなんだろう？」と思って、一瞬考えて「あっ、そうか。曹洞宗のためにという意味だな」とわかった。正直なところ「えっ、僕、そんな意識全然ないんですけど……」と思った。もちろん言わなかったけど（笑）。この人たちは「宗門のために」というふうに考えてるんだ。僕はそういう宗門という意識ってほとんど、それまでなかったし、いまもあんまりないけど。だから、自分とは相当違う考え方をしてるんだなとその時改めて思って。やっぱりお寺で生まれた人と在家から僧侶になったものとでは、たぶんその辺が違うんだなと思いましたね。

それから曹洞宗には「宗乗」と「余乗」という言葉があるんですよ。宗乗というのは曹洞宗の宗学のことですね。それ以外は余乗と言うんですよ。その残りの、余りの乗と書くのね。お釈迦さまの言った言葉を集めていると言われている『スッタニパータ』とかを読むのは余乗になっちゃうんだ（笑）。これも面白い言い方だと思う。はっきり優先順位がついてますね、宗乗と余乗という。宗は「根本の」という意味だから曹洞宗の教えのほうが根本で、ブッダの教えは「余り」のほうに入っちゃう。

でも僕自身としては道元さんと親鸞さんの大きな肩の上に乗せてもらって、ブッダという高峰を遥かに仰ぎ見るという気持ちでいるんですよ。

日本仏教はブッダと直接繋がっているのか？

良道　だからそれは要するにどういうことかというと、お釈迦様というものがいきなり出てきたら、ある意味宗祖というのが相対化されちゃうんですよ。それを嫌うということなんだと思うんですけどね。

一照 良道さんは、そのあたりのタブーを破ってしまったんだね(笑)。お釈迦様にいきなり繋がることで。でもこれがタブーということのほうが本来はおかしいよね。

良道 はい、おかしいです。それに加えてわたしはもう一つタブーを犯しました(笑)。

わたしはいわば「患者」なんです。患者にとって唯一の関心事は、この薬が本当に自分の病気に効くかどうかです。それ以外のことはどうでもいいこと。たとえば、この薬を与えてくれたお医者さんがどこの医学部を卒業したのかとか、この病院のベッド数だとか、あるいは製薬会社の株価だとか。そういうものは患者であるわたしとは一切関係ない。わたしが薬やお医者さんを判断する唯一の基準は非常に単純明快で、わたしの病気を治してくれた薬が正しい薬であり、わたしを診断したうえでその薬を処方してくれたお医者さんが正しいお医者さんである。

そこを判断基準とすると外部の情報には頼れないから、今度は自分の症状を正直に、客観的にはっきり見ていかなきゃいけないということになります。だけれども、わたしが本当に不思議に思ったのは、自分の症状を見ることもなしに、いきなりこの薬は正しいよねっていうことになって、いきなりこの病院は大きいからすごいよねとなって、いきなりこのお医者さんは有名な大学の医学部を出たから名医だよねという話になってしまっている。そんなのはどうでもいいのであって、その薬が本当に自分の病気に効くのかどうか、この一点だけでなんでみんな本気の勝負をかけないのか、ここが不思議だったんですよ。

自分の症状をまっすぐに見たら、どうもこの薬は完全には自分の病気に効いていないということが見えてくる場合がある。そしたら次にチェックしなければいけないのは、この薬自体が完璧に間違いなのか、それとも薬の摂取方法が問題なのか、取る量が足りないのかというようなこと。その検討会すらないというのが、実状でしょう？　とにかく「はい、この薬は正しいです」で終わり。「信じて飲みなさい」。「飲んだら、みんな治りましたよ」。本当に治ったかどうかも、この薬が本当に正しいかどうかもまったくはっきりしない。わたしはまだ激しい胃痛があったから、「わたしはまだお腹が痛いんです」って言いたかったんだけれども（笑）。それすら言い出せない雰囲気がどうもありましたよね。

いまもちろん薬を喩えとして使ってるけれども、文字通りの意味での製薬業界では以上のようなことはあり得ないですよね。どんな有名な製薬会社だろうが、非常に厳しい治験を通らなければ新薬を世間に出せない。治療の現場である病院と製薬会社の研究所との間で行ったり来たりしながら、今度の薬は果たして効くのか効かないのか、どういうふうにやったら効くのか、こうすればいいのか、ここの成分をちょっと変えたらどうなるのか、ということを常にフィードバックして薬というのは発達していくものですよね。

一照　仏教という薬を実際に治験を通して吟味することが行われていないということだね。

良道　はい。そういう不思議な状況だったのですが、わたしはあいかわらずいろいろな胃薬を自分で治験していました（笑）。そのときにちょっとだけ試してみた胃薬がけっこう効いたわけですよ。マインドフルネスという胃薬が。それでこれはいったいなんなんだという話になりました。少しだけでもこれだけ効くのだから、これをちょっと本格的にやってみようではないかということになり、一気にビルマまで行ってしまったのです。

だから、わたしが犯したタブーというのは二つあって、一つは曹洞宗の枠の外へ出てお釈迦様と直接繋がろうとしたこと。二番目は自分の症状を実際にチェックしたこと。この二つなんだけれども、でももう覚悟を持ってはっきり申し上げます。この二つだけが曹洞宗をはじめとする日本のすべての仏教教団をこれから救うことになるはずです。なぜかというと、日本のすべての仏教教団はお釈迦様にもう一度直接繋がる必要がどうしてもある。そしてお釈迦様から処方していただいた薬を、実際に飲んで自分の症状をチェックする。そのとき本当の意味での只管打坐や絶対他力の意味がわかってきます。このことに関してはもうなんの疑いもないですね。わたし自身がそうでしたから。

一照　良道さんが犯した第二のタブーは自分の病気がまだ治っていないと正直に認めたことだったんだ。この薬じゃまだ治っていませんとはっきり言うこと。みんなが治ったかのようなフりをしているところでそれを言うのはかなり勇気がいるね。話の上ではできてるはずのことが実際にはできていませんと言うわけだから、できてるフリをしている人たちはギクリとしちゃう。

少し服用しただけでこれは効くと感じて、それを本格的に服用するためにわざわざそのマインドフルネスという薬の本場であるビルマまで行ったわけだ。それも短期間ではなく、実際にそこにいたのは四年間だっけ？　その効く薬とはどんなもので、どう病気に効いたのかについて、他の患者さんたちにもわかるように話してくれる？　ビルマの瞑想センターの実際の様子なども聞かせてください。

第四章 「瞑想メソッド」を超える

テーラワーダの瞑想とは何か

一照　いまアメリカでは、かつてのように仏教の瞑想といったら禅宗の坐禅しかなかったような状況ではなくて、むしろテーラワーダ仏教系の瞑想のほうがポピュラーなくらいなんです。ヴィパッサナーとかインサイト・メディテーションといった言葉が定着しつつある。僕がしばしば滞在するアメリカの代表的な禅センターでもマインドフルネス瞑想のクラスがあるくらい。

そのヴィパッサナー瞑想の本場であるビルマやタイではどういう様子なのかな？　良道さんはその中に入って四年余り修行したんだよね。

良道　はい、わたしは主にビルマに四年いました。あとスリランカに半年ほどです。いまテーラワーダ仏教界では、非常にカリスマ的な有名な瞑想の先生が何人かいらっしゃって、その先生たちがまとめた瞑想メソッドがいくつかあります。テーラワーダの基本経典として『ヴィスッディ・マッガ』という本があり、『清浄道論（しょうじょうどうろん）』と日本語では訳されています。南方仏教の中で最も重要な論書ですが、そこにはとてつもない量の瞑想の方法が事細かに書かれています。でもあまりに量が多すぎて、あれを全部やるわけにはいきません。だから忙しい現代の人間でもなんとかできる範囲におさまるように、『ヴィスッディ・マッガ』に書かれている瞑想法をもとにしながら、それを凝縮して一つのパッケージを作るわけです。そのパッケージ化された瞑想方法が、人々から非常に高く評価され、それを実践する人が多く集まるようになると、一つの瞑想メソッドとして認知されていくようになります。

一照　そうしたメソッドは瞑想としては非常によく効くというか、有効性が高いというわけですね。試したらすごい効果があったと。

良道　そうです。それでそのパッケージを作成した先生の名前をつけて、「パオ・メソッド」とか、「マハシ・メソッド」とか、あるいは「ゴエンカ・メソッド」というものが現在存在しているわけですね。その中で、わたしはパオ・セヤドー（先生の意）というビルマの瞑想の先生がパッケージ化した「パオ・メソッド」というものを修行したんです。

一照　それはやっぱり「仏教の大衆化」という路線なんですか？　専門の僧侶用の高度で複雑な修行システムをもっと現代の一般のお坊さんじゃない人でも実践できるような、そういう簡易版に修正した現代的なメソッドの一つなの？

良道　「ゴエンカ・メソッド」や「マハシ・メソッド」に関してはそうとも言えるけれども、「パオ・メソッド」というのは少しニュアンスが違っていて、できるだけ昔通りにやるというのが特徴ですね。

一照　というと、『ヴィスッディ・マッガ』になるべく忠実にやるという立場だということ？

良道　そういうことですね。『ヴィスッディ・マッガ』に書かれている瞑想法がほとんどその

「パオ・メソッド」というパッケージの中に入ってるんですよ。その非常に多くある瞑想方法を一つ一つ丁寧に全部やっていきます。瞑想を指導してくださる先生とはほぼ毎日会って、こちらの瞑想の進展状況を話します。わたしの場合はパオ・セヤドー師に直接指導していただきました。まあ、とてつもなく幸運なことだったのですが。自分の瞑想の進行具合に沿って、次に取り組む課題の瞑想法を教えてくださるのです。その中には日本でまったくやらなかったような瞑想法も当然あります。

瞑想法は大きく二つに分かれていて、日本の伝統で言われている「止」と「観」です。「止」つまりサマタ瞑想。心を静めていく瞑想ですね。これを徹底的にやります。サマタが完成した後にのみ、「観」つまりヴィパッサナー瞑想をやるのです。これが他の瞑想メソッドと比べたときの特徴ですね。

非想非非想処に実際に入る

一照　他のメソッドではいきなりヴィパッサナーから始めたり、サマタはちょっとしかやらなかったりするからね。

で、そのサマタ瞑想というのは具体的にはどんなことをするんですか？

良道　『ヴィスッディ・マッガ』には四十種類のサマタ瞑想が説かれています。たとえば呼吸の観察、慈悲の瞑想、自分が白骨化した様子を観想する、自分がやがては死ぬということを観想するとか……。パオ・メソッドの特徴は呼吸を見ることが目的そのものではなくて、それを通して禅定（ジャーナ）に入っていくことを目指す点ですね。

一照　その禅定というのはいくつも種類があるんですか？

良道　はい、八つあります。ルーパ・ジャーナ（色定）は四つ、それに加えてアルーパ・ジャーナ（無色定）というのも四つあって、合計八つです。八つ目の禅定に「非想非非想処（ひそうひひそうじょ）」という禅定がある。そういう禅定にブッダが入ったというのは経典に書いてあるから知っていたけれども、パオ・メソッドをやるまで、そんなのはあくまでフィクションの世界くらいに思ってました。

一照　それは、ブッダがウッダカ・ラーマプッタ仙人[*18]のところへ行って達成したという禅定の境地だね。そういう境地に実際に入らせるわけですね。

良道　そう。ブッダはその境地を達成したけれども、それが本当の悟りにはならないからその先生のところから去ったと言われています。でも、ブッダご自身は非想非非想処を確かに達成してるんですよ。達成した後にそれを乗り越えて行ったという話なのです。パオ・セヤドーは、

＊18―ウッダカ・ラーマプッタ……ブッダが、修行の初期に師事したとされる瞑想指導者の一人。

現代のわれわれでもこの非想非非想処に入れると主張されるのです。

一照　パオ・メソッドに沿ってきちんと実践していけば、実際にその境地を体験できる。

良道　はい。非想非非想処というと、なにやら難しく聞こえるけれど、要するに八番目の禅定だから、最初の禅定（初禅）から一つずつ順番にこなしていけば最後には入れます。つまり実際に経典に書いてあったようなことを、全部自分自身で体験できます。わたしはそこにまず驚きました。禅定の他にも、たとえばナーマ（名）といわれる、心を構成している要素を丁寧に観察する瞑想があります。たくさんあるナーマを一つ一つ自分の心の中で実際にリアルに観ていく。だから、仏教の哲学書の中に書いてあること全部をこの自分の中で見て確かめていく作業なんですね。

一照　いま良道さんが一法庵の活動の中で「ワンダルマ・メソッド」として教えているのは、一〇〇%パオ・メソッドと同じなんですか？

良道　いや、同じではないです。もちろんそれには基づいているけれども、かなり違っています。

一照　それでそのパオ・メソッドを習得することで、思いの手放しとは「なるほどこういうことだったのか！」というのが体験できて、頷けたというわけですね。それは、自分の長年の病気がやっと治ったというようなものですか？

良道　いえいえ、それほど簡単なことではありません。わたしの思いの過剰という病気はビルマの瞑想センターで、朝から晩まで瞑想していてもまだ完全には治っていませんでした。ビルマ滞在中のほとんどの期間はパオ・セヤドーにほぼ毎日お会いしながら、パオ・メソッドを一生懸命に学ぶことに費やされました。でもメソッドの習熟は進むのだけれど、何かそれによって「治癒」されたという実感は持てませんでした。結局、四年の滞在期間の終わりごろかな、治癒されたとは言えないけれど、「治癒の見通し」が立ったのは。というのは、そのころになってようやく「思いの手放し」と「マインドフルネス」の関係が見えたからです。

そもそもビルマまで何しに行ったかを簡単にまとめると、「思いの過剰」が君の病気だと内山老師に指摘されて、その治療法である「思いの手放し」を一生懸命やった。でもなかなかうまくいかなかった。いろいろな先生方との出会いによって「思いの手放し」の具体的なやり方がどうやら「マインドフルネス」だとわかってきて、それを本格的に学ぶためにビルマまですべてを捨ててやってきました。

でも考えてみると、マインドフルネスというのは「気づく」ということでしょう。ではなぜ、気づくことが思いの手放しになるのか？　それがどうにも納得できなかったのです。本当に長い間、何かに気づくということと、何かを思ったり考えたりすることの違いがどうもよくわからなかった。その二つがどう違うのかがはっきりしない。だから、思いの手放しの方法がマインドフルネスだよと言われても、すんなりと頷けなかった。

一照　思いと気づきの違いというか、その二つのこととの関係ね、それがいま一つ納得できなかった。

良道　何かに気づいてるということは、何か思ってるようにも見えてしまうじゃないですか。だから思いの手放しと、気づくということとの関係が、結局ビルマへ行く前もよくわからなくて、それを知るために行ったのだけれど、ビルマ滞在中もなかなか理解できなかった。それが最後の最後になってようやくわかってきたということです。

一照　どういうふうにわかったの？

良道　なぜ思いの手放しと気づくということの関係がなかなかすっきりと理解できないかというと、気づく主体がはっきりしていなかったからなのです。これは非常に微妙な主題なのでゆっくり順を追って説明していきますね。たとえばアナパーナ・サティ[*19]として広く知られ実践されている呼吸瞑想では、呼吸に気づいていなさいと言われます。つまり息を吸いながら、吸っている息に気づいている。息を吐きながら吐いてる息に気づいている。その状態を続けなさいと言われるのですが、ではそのように呼吸に気づいていることと、呼吸について考えているということとがどう違うのかが、いま一つはっきりしないのです。だから呼吸に気づくことで思いが手放されると言われても、何かすっきりしない。この問題をただ頭で考えている限りは。

だけれども、これは「呼吸瞑想」を実際にやればすぐわかります。いろんなことを考えて、湧いてくる思いを追いかけている限り、呼吸を見るなんてことはまず不可能です。わたしは思いの手放しの「思い」を、英語のシンキング（thinking）という言葉でよく表現します。なぜわざわざ英語を使うかというと、日本語の「思い」には情緒的な要素も含まれていて、定義があいまいになってしまいます。ここでは一日中われわれがあれこれ考えていることそのものを指したいので、ニュートラルに表現するためにわざと英語を使い、シンキングと言ったり、心の意味を足して、シンキング・マインドと言ったりします。

ともあれ、実際に呼吸瞑想をしてわかるのは、シンキングがある世界で呼吸に気づくというのは、実は不可能なんだということです。一度でも呼吸瞑想したことのある人なら、そのことを全員知っています。そういう事実がはっきりあるのに、なぜわれわれが気づくこととシンキングを混同しそうになっていたかというと、やはり気づくこととシンキングというのを結局同じ次元のものと受け取っていたからです。

だけれども、シンキングと気づくことというのは別の次元のものなのだと言っても、それがいったいどういうことなのかがまだ全然はっきりしない。このあたりが本当に多くの人たちの

＊19―アナパーナ・サティ……アナ＝入息、パーナ＝出息、サティ＝気づき。入る息、出る息に気づく呼吸瞑想。

混乱の最大の原因です。結局、わたしたちはシンキングで呼吸に気づいているのではない。シンキングが落ちたところでしか呼吸に気づくことができない、そういうことなんです。

　だけど、そこでもうすでに何か矛盾が露呈してきてしまう。シンキングが落ちちゃったら、じゃ、後は何が残って呼吸に気づいているのか？　という当然の疑問が出てくるのに、その後に残るもののことが、どこにもすっきりと書かれていない。結局、シンキングが脱落した後に残るもののことをはっきり言わないからシンキングと気づくことというのが、全部ごっちゃになる。それがわれわれの陥った最大の混乱の一つだったのではないのかな。

一照　じゃあ、呼吸に気がついている主体はシンキングの他にあるわけね。シンキング以外の主体を想定しないから、思いと気づくことの混乱をきちんと整理できなかった。いま仏教と脳科学の交流というのが盛んに進められているけど、たとえばシンキングのときと気づき、つまりマインドフルネスのときでは脳の働き方も違っているはずだということになる？

良道　そりゃもちろん違うでしょうね。

一照　生理学的なところでもその二つは違ってるということなんだろうね。だから、その二つは共存できないというか、同時には成り立たない。シンキングしてるときは気づきがないし、気づきのときはシンキングが起こりようがないという、そういう二律背反というか共存できないような関係になってるということ。

良道　そう、この二つは両立不可能です。

一照　スイッチの切り替えみたいなものだね。こっちがオンに入ったら一方はオフになってるということね。良道さんの場合は、その切り替える方法がパオ・メソッドというわけ？

体の中で体を見る

良道　いえ、そうストレートには結びつきません。パオ・メソッドというのは瞑想メソッド、つまり瞑想のテクニックの集合体なので。ただそのうちのいくつかの方法をアレンジして、「切り替え」のために使っていることは確かです。たとえば体の微細な感覚を見るというのが、スイッチ切り替えの方法の一つです。体の微細な感覚を見ることでシンキングのスイッチが切られて、気づきのスイッチがオンになるということですね。

ただパオ・メソッドの基盤となっている世界観の中には、こういうシンキングとは別な気づきの主体の存在という問題意識はそれほど明確には見えません。その当然の結果として、シンキングが脱落したはてに何かがあって、それによって「気づき」が起こるのだということがはっきり言われてこなかった。だから、みんながシンキングのままで体の微細な感覚を見ようとしてしまった。いろいろなことを考えているその活動のまま、その延長で呼吸を見ようとした。だからそういうときにMRIなんかで脳の内部を撮影すれば、たぶんシンキングのときと同じところが活動しているはずです。だけど、それだったら本当の意味で体の微細な感覚に気づくことなんかできるわけないですよ。

このあたりのことをお釈迦様はどう考えていらしたのか？　いやもう、そのものズバリのことをはっきり言われているのですよ。体のことをパーリ語で「カーヤ」と言いますが、カーヤをどう見ていくかをお釈迦様はこう教えていらっしゃる。「カーヤ・イン・ザ・カーヤ（体の中で体を見る）」と。最も基本的な瞑想経典の中にそれがはっきり書いてあります。

一照　それは『四念処経（しねんじょきょう）』のことだね。

良道　そう、『四念処経』。パーリ語では『サティパッターナ・スッタ』。その中にちゃんと書いてあります。だけど、この体の中で体を見ることの深い意味が今まですっきりとしなかった。現代の瞑想の先生の中で、これをいちばん明確に話していらっしゃるのが、ティク・ナット・ハン師です。ティク・ナット・ハン師は『Transformation And Healing』（邦訳『ブッダの〈気づき〉の瞑想』）の中でそこをきちんと解説しています。

ハン師はマインドフルネスというものの本質をシンキング・マインドが落ちたところで理解されています。シンキング・マインドは主体と客体を分けていた根本的なものですから、そのシンキング・マインドが落ちることで、われわれは主体と客体が分かれた世界からも出ることができるんです。

ティク・ナット・ハン師は、マインドフルネスの本質は主体と客体が分かれていないところで気づくことなんだ、ということをはっきり言われているんですよ。

一照 でも普通に気づくといったら、やっぱり「わたしが・何かに・気づく」というふうに主体と客体の問題として理解してしまいますよね？　それ以外に気づくということを理解する枠組みを持っていないから。

良道 そうですね。それは、瞑想を頭だけで理解しようとしたらそう考えるしかないでしょうね。でも実際にそういう主体―客体の関係で呼吸を見ようとしたら、そんなことはできないという事実にぶつかるんですよ。

一照 なるほど、そういう二元的理解自体がシンキング・マインドの産物だからだね。それはやっぱり実際に瞑想を行じてみないとぶつからない問題で、考えているだけでは絶対見えないでしょうね。気づきということをシンキング・マインドの立場で考えていたら、どうしても主体―客体の枠組みでしか理解できない。行の世界に立って初めて、主―客の枠組み自体を超えた「非二元的な意識」というものを問題にせざるを得なくなってくる。

いままでこういうことがあまり論じられてこなかったというのは、もしかしたらまともに行に取り組むというよりは、みんな行を頭で考えていただけなんじゃないか。ちょっとこれは言いすぎかな（笑）。

良道　そうですね、実際に瞑想をやっていったら、「非二元的な意識」のようなものを想定せざるを得なくなります。二元的な意識というのはシンキング・マインドそのものだから、シンキング・マインドが落ちたら非二元になる。非二元になると、じゃあ、シンキングが落ちたから無意識になるのか、何にもなくなるのかというとそうではなくて、通常の意識よりも遥かに明晰な意識が現れる。でも、それはシンキング・マインドではない。

そう考えると、わたしがビルマに行く前から混乱していたシンキングとマインドフルネス、思いと気づきとの関係について全部すっきり説明がつきます。マインドフルネスってどういうことかというと、たとえば体の感覚に対してマインドフルであることを例に挙げて説明しましょう。体の感覚にマインドフルであるときには、シンキングが手放されて「体の中で体」を感じています。そこではシンキング・マインドが脱落している。シンキング・マインドが主体と客体を分けているから、その分けているものがもうなくなっているから、そこでは主体と客体がもうない世界に入っている。主体も客体もない非二元的な世界に入って、体の感覚だけがある世界に入っている。だからここまで来て、ようやく「気づくこと」＝「思いの手放し」になるのがはっきりわかります。

このように説明すれば、マインドフルネスと思いの手放しというものが、表裏の関係になっていることがはっきり理解できるでしょう。ビルマでの滞在の最後のころになってようやくそのあたりが見えてきたんです。なぜビルマ滞在の最後のころに見えてきたかを説明していきましょうか。たぶん多くの人の参考になるでしょうから。

ニルヴァーナの状態に入る

良道　パオ・メソッドというのはいわゆるサマタ瞑想をやっていろんな禅定に入り、その後でヴィパッサナー瞑想に入っていくという流れだと先ほど説明しました。そのヴィパッサナー瞑想で何をするのかというと、要するにいろんなナーマ（精神的なもの）とかルーパ（物質的なもの）を観察するのです。アビダンマ（仏教哲学）にある通りに、一つ一つ丁寧にそのナーマやルーパが生じて滅する様子を見ます。ナーマもルーパもともにアニッチャ（無常）であり、ドゥッカ（苦）であり、アナッター（無我）という本質があることを理解します。

普通は、ヴィパッサナーというのはこのようにすべての現象が「無常、苦、無我」であることを観察することだと理解されていますが、実は、それはまだヴィパッサナーが最終的に目指すところではないんです。そうではなくて、そこからもう一歩進めて、ナーマとかルーパ、つまり精神的なものや物質的なものが生じない世界へ入っていくことが究極の目的なんですよ。

要するにそれは生滅が終わった世界です。この生滅が終わった世界に入っていくのが、本当のヴィパッサナー瞑想の最終目的である。これは『ヴィスッディ・マッガ』にきちんと書いてあるし、それに基づいて構成されたパオ・メソッドでももちろんちゃんと教えられています。ようするにパオ・メソッドはたくさんの瞑想で構成されていると、先ほど言いましたが、でもそれはいったい何のためにやるのかというと、ただ、この一点だけを狙っているのです。

その一点とは、繰り返すと生じることと滅することそのものが終わった世界のこと。いわゆる「生滅滅已（しょうめつめっち）」ですよね。この生滅滅已の世界に入っていくのがヴィパッサナー瞑想の究極の目的なのだというのは、あらゆる経典に書いてあることなのに、これを不思議とみんなあんまり言わないじゃないですか。

一照　言わない。そんな浮世離れしたことを現実の自分の問題としてまじめに言っている人にはまだ会ったことがない。なんか遠い世界の、自分とは縁遠いお話しみたいな感じがするんでしょうね。生滅滅已ということは、言い換えればそれがニルヴァーナ（涅槃）だということなんですよね。パオ・メソッドはまじめにそこに到達しようとしている。

良道　もちろん。生滅滅已の世界、つまり涅槃に入っていくのがヴィパッサナーの最終目的なんだけれども、ここで非常に根本的な矛盾が出てきちゃうわけですよ。どういう矛盾かっていうと、もしわたしたちの本質がシンキング・マインドならば、シンキング・マインドが他のシンキング・マインドを見ることは、まあ、なんとかできますよね。また、シンキング・マインドが物質的なものを見ることもできますね。つまり日常の二元的な意識で、客体としての自分の心や物を見ることはできるわけです。

だから、ナーマとルーパが生じたり滅したりしているのをシンキング・マインドが観察する、ヴィパッサナーするというのは、常識的に理解できますよね。だけれども、そんなのはヴィパッサナー瞑想の途中に過ぎない。本当のヴィパッサナー瞑想というのは、この生じていること、滅していること自体が終わった世界に入っていくことです。そこまで行かなきゃダメなんですよ。その一点だけを目指してみんなやるわけです。

生滅滅已の世界に入るとどうなるかというと、意識がなくなるわけではない。気絶するわけではない。その生滅滅已の世界を明晰に認識できているんですよ。そしたら、これは根本的に話として矛盾してませんか？　どこが矛盾してるかというと、いままで自分というのはシンキング・マインドと肉体によってできている存在だと思ってきた。そしてそういうシンキング・マインドと肉体を、シンキング・マインドが観察している、ヴィパッサナーしていると思っていた。

だけれども、いまそういうことが生じて滅していること自体が終わった後でも、終わった後の世界をまだ認識しているものがある、ということになってきた。それを認識しているのは何か？　当然シンキング・マインドではない。なぜならそれがとっくに滅した世界だから。つまりシンキング・マインドでないものが、認識していることになる。自分とはシンキング・マインドと肉体のはずだったのに……。何かとんでもないことになってきてしまいましたね。

ここで、当然のことですが、自分とはいったい誰なのかという問題が、一気に大きく浮かび上がってきてしまいます。生滅滅已の世界を認識しているシンキング・マインド以外のものを想定せざるを得なくなったのです。確かに自分は、シンキング・マインドと肉体を持っているけれど、それが自分のすべてではなかった。シンキング・マインドと肉体に決して還元されない何かがある。いままで決して見えなかった自分の本質がついに明らかになった。

このあたりを説明するのに、わたしは雲と青空の例をしばしば使います。形のある雲と、形のない青空。シンキング・マインドと肉体でできた自分を雲とすると、いままではずっと自分は雲だと思って生きてきた。ヴィパッサーナー瞑想を始めてからも長い間、雲である自分が、別の雲を客観的に観察するのがヴィパッサーナーだと思い込んできた。だけど、あるとき雲が一斉になくなってしまった。青空だけになってしまった。だけど不思議なことに、青空だけになった青空をきちんと認識できているわたしがいた。もしわたしが雲だったならば、雲がなくなってしまった後の青空を認識はできないはずなのに。

一照　そうですね。認識する人そのものがいなくなるからね。認識の主体は雲しかないという前提に立っていたら、雲がなくなって青空を認識するということは説明ができないよね。後は青空そのものが青空自身を認識しているとしかいえない。

青空を認識できるのは青空

良道　雲であるわたしがいなくなった。それがナーマとルーパの生滅が終わったということです。要するに青空だけになった。だけど、青空だけになったのに、青空であることを認識することはできる。これは理論的にもそうなってるし、経験的にもそうなります。

一照　じゃあ、生滅滅已の世界を見ている何かがあるというわけですね？　そういうことは経典にも書いてあるの？

良道　もちろん書いてあります。仏教ではそれを「道智」とか「果智」と呼んでいます。正確にいうと、その状態を初めて認識したときに生じるのが「道智」で、それを認識し続けるのを「果智」と呼びます。どうぞアビダンマでお確かめください。

一照　それは単にアビダンマの本に書いてあるだけじゃなくて、実践を通して事実として経験もできるの？

良道　はい、パオ・メソッドを最後まで修習すればそれは可能です。

青空だけになって、しかもそれを認識できたとき、その時に「じゃ、わたしって誰？」という根源的な問いを発すると、もう答えは簡単明瞭ですね。わたしは青空なんですよ。

そういう結論にならざるを得ない。そして青空であるわたしの中に、当然もちろん雲も浮かんでくる。だから雲もわたしの一部である。だけど、いままでとはまったくパースペクティブいまは「雲＝わたし」だったんだから。だけど、いまはわたしの本質は青空であり、その中に雲が浮かんでるということになる。（全体の見通し）が違うわけですよ。いままでは「雲＝わたし」だったんだから。だけど、い

一照　すると、この青空はそれ自体に何かを認識する力があるわけね。働きとしてね。

良道　はい、青空にはいろんな働きがあって、認識する力と、あともう一つ大事なのは慈悲の力ですね。だから「慈悲」というのが圧倒的に大事になってくる。なぜかといえば、雲として生きていたときは、慈悲というのは単なる口先だけの理想論か、単なる偽善だったわけですよ。自分が青空であることを自覚したときに初めて慈悲というのが本当にリアルなものになる。慈悲というものが青空と雲とを分ける一つのサインポスト、しるしになるということですね。これもとても大事な主題なので、後で徹底的に論じましょう。

こうして自分とは雲ではなくて青空だ。正確にいうと雲をその中で浮かばせている青空だという結論に必然的になるはずなのですけれど、非常に不思議なことに、青空を瞑想の中で経験した人でも「わたしとは誰か（Who am I ?）」という認識が変わらないということもある。これは実に不思議なことです。わたしと一緒に修行していた人たちの中で青空を見たはずなのに、「わたし＝青空」という世界が開けない人がいたんです。というか、開けない人がほとんどでした。それがなぜなのか、わたしは結局どうしてもわかりませんでした。なぜわたしが、一気に「わたしは青空なんだ」ということを ビルマの修行の最終段階になって言い切れちゃ

ったのかというと、それはまさにそのことを三十年前からわたしはたたき込まれていたからなんですよ。

道元禅師も最初から「お前は青空だぞ」と言われていますね。「お前は青空だから、坐禅したらすでに仏なんだよ」と。だから修行と悟りが一緒なんだよと。だから、威儀即仏法、つまり日常の行為そのものが仏法なんだよと言ってるわけです。三十年前、わたしたちが道元禅師の伝統のもとで修行を始めたとき、そういうことを繰り返し言われていても全然ピンとこなかったですよね。ところが、ようやくビルマでの修行の最後のどん詰まりまで来て、初めてそれが腑に落ちたんです。本当にピンときた。その道元禅師の世界観がわたしの中にすでにあったから、青空の世界に出合っても一切混乱に陥らずに、一気にそこをくぐり抜けて「わたし＝青空」の世界に出ることができたと思うんです。

だからわたしはいまでは、お前は大乗仏教徒なのか、テーラワーダ仏教徒なのかと聞かれても困ってしまうんです。わたしにとっては両方が大事だったということですね。

一照　大乗とかテーラワーダに分かれる以前のワンダルマ（一法）なんだと良道さんが言うのは、そういうわけなんですね。分かれる以前というか、統合されたというか。

良道　そういう意味で、いまのわたしの立場は、大乗仏教でもテーラワーダ仏教でもなくて、二つを両方とも押さえた「ワンダルマ仏教」というものです。だからいまのわたしはもはや禅僧でもテーラワーダ比丘でもなくて、勝手に「ワンダルマ仏教僧」と自称しています。まあ、いまのところ地球上にわたし一人しかいないのだけれどね（笑）。

ワンダルマ仏教という立場からいうと、実はそんなヴィパッサナー瞑想の最後の段階まで行かなくても、呼吸を見るというイロハのイの瞑想ですら、青空から呼吸を見ると言ったほうが遥かに本質を突いているんですよ。つまり、初歩の初歩からもう青空の立場で瞑想するべきだということなんです。

なぜ今まで多くの人が呼吸が見ることができなかったかと言うと、やっぱりみんな雲である自分で見ようとしていたからです。つまり、シンキング・マインドで見ようとしていた。仏教では人間の心というのは猿だとか、暴れ馬だとか、あるいは子牛だとか、いろんな喩えを使って説明します。子牛の例で言えば、心というのは子牛のようにものすごくピョンピョン暴れ回るわけです。成長した牛はおとなしく草を食べていますが、子牛はまったく違います。

お猿さんは瞑想などできない

一照　猿にしろ子牛にしろいずれの喩えも、われわれの心が落ち着きがなく、動き回って、ひとところにとどまろうとしない性質を言おうとしているわけだね。英語だとモンキー・マインドなんて言ってますけどね。モンキーがまだ十分に躾けられていないから、飼い慣らされていないから、少しの間もじっとしていないで、動き回るわけですね。瞑想修行というのはそのモンキーを躾けることであり、暴れ馬を調御し、子牛をおとなしくさせることだと。「じっとしていなさい」と言うとちゃんと動かないで、呼吸なり、下腹の動きなりをじーっと見ていることができるように辛抱強く躾けていくのが瞑想修行だとされる。

良道　そう、そのままだと躾けられてないから。その子牛の首に縄をかけて、もう一方の縄の端を頑丈な杭にちゃんと縛る。そうすると、子牛は逃げたくて逃げたくてしょうがないから暴れ回る。ぐるぐる杭の周りを走り回るわけですよ、逃げようとして。だけど、そんなことを何時間もやってるうちに、とうとうエネルギーが切れて、へたへたと疲れ切ってそこに倒れ込む。こうしてようやく、子牛は動かなくなる。

そういうふうに暴れまくる心を押さえ込むのが瞑想なんだ。押さえ込んでようやくそれで呼吸を見る。疲れ果てた子牛はもうじっとしているから、そのままじっと瞑想対象である呼吸を見る。それが呼吸瞑想なんだというふうに説明されることもあるんだけれども、本当はそれはまったくの誤解ですよ。そんなことをやったら心はガタガタに壊れてしまいます。心と一緒に体も。では、本当の瞑想とはどういうことなのかと言ったら、子牛もお猿さんも、暴れ馬も、そういうのがいる限りはどうしてもダメで、いなくならないと瞑想にはならないんですよ。

お猿さんや暴れ馬がいなくなるとはどういうことなのか？　あるいはそもそもお猿さんとか

暴れ馬が本当にいたのか？

自分が「わたしはお猿さんだ」と思い込んでいる限り、お猿さんがおとなしくなることはない。実のところ、自分はお猿さんだと思ってるから、このお猿さんは飛び回り、それを押さえることができなかったわけですよ。だから逆に自分はお猿さんでもないし、暴れ馬でもないし、子牛でもないとわかった瞬間にそれはもう消えてるし、押さえられている。

一照　自分＝お猿という同一化がはずれると、もうお猿さんはいなくなってしまう、そこで初めて瞑想ができるというんですね。お猿さんが瞑想するんじゃないわけだ。普通に瞑想するといったら、そこには暗黙の前提みたいなものがあって、誰が呼吸を見るのかといったら、当然この「わたし」しか想定されていないわけね。だからいま、良道さんが言ったようなことが問題にされることもまずない。「わたし」が瞑想すると考えるのが当たり前だから。で、その「わたし」は子牛のようにきわめて落ち着きがないから、そのままでは呼吸を見るなんてことはできない。だから瞑想して、その子牛がちゃんと呼吸を見られるようにおとなしくさせるのが瞑想の眼目になってくる。でも、良道さんは、そういうフレームワークの全体がそもそも違うんじゃないか、というふうに言ってるわけですよね？

良道　そうそう。要するにいままで自分はお猿さんである。しかもおとなしいお猿ではなく、暴れ飛び回るお猿さんであった。その飛び回るお猿さんを修行することによって押さえ込み、暴れ回らないお猿さんにする。でもお猿さんをなんとか首根っこを摑まえて、ギューッと押さえ込んだのが、ダンマパダ（法句経）などで言われる「調えられし自己」なのか？　それはとんでもない誤解です。そんなのが「調える」の意味じゃないんですよ。お釈迦さまが言いたいのはそんなことではない。

だから、お猿さんを押さえ込むのは難しいぞというのは、もう文字通りの意味で難しいからそんなことをやっても意味がないよということなんです。それとは別な道を探りなさいと言っているんだけど、それをみんな押さえ込むのは確かに難しいけれども、だけどなんとかして頑張って押さえ込むぞ、頑張って押さえつけなきゃ静かにならないぞ、という意味に取ってしまっている。でも本当はそうではないんです。

一照　「難しい」という言葉を「よっぽど努力をしないとできないよ。だから頑張れ」、というように受け取ってるわけだね。お猿を押さえ込む努力を奨励しているように読めるんだけど、良道さんはそうじゃなくて、それとは違う、まったく別の努力をするほうが賢明だよというふうに読むわけなんだ。それは理解としては大違いだ。

良道　そう、そうじゃないんですよ。でもだからといって、お釈迦さまはお猿さんを暴れ放題にしておけと言われたかというと、もちろんそうではない。暴れ放題にもさせない。だけれども、押さえ込みもしない。じゃ何をしたのか？

お釈迦さまは自分は心をコントロールできる。そしてお前たちも自分の心をコントロールしなきゃダメだよと言われてる。コントロールというのは調えるという意味です。だけど、そのコントロールの意味というのが、わたしたちが普通に考えるような意味ではないんですよ。どういうことかというと、まず最初にお猿が自分だという根本的な混同があります。この混同からお猿さんはエネルギーをもらって飛び回る。それを押さえようとすることで、ますますお猿を元気にしてしまう。しかしもし、自分はお猿ではないということにはっきり気づいたとき、この混同がなくなる。そうするとお猿へのエネルギー供給もなくなって、実はもともと幻想だったお猿も消えていく。そして、もうお猿と一緒に飛び回っていない自分を発見するとき、もう自己は調えられている。そもそもお猿さんがいないんだから、完璧にコントロールされている。そこまで見なかったら心をコントロールするということの本当の意味は理解できないですよ。

一照　ブッダは「心を調えなさい」ということを教えているんだけど、その調えるは「俺が猿みたいに飛び回る俺自身の心を必死にコントロールする」、そういう意味で言われてるんじゃないということだね。そこは瞑想の実践者にとってとても大事なことですね。「心を調える」という意味をどう理解するかで実践の中身がまるっきり違ってくるから。

良道　そう、お釈迦さまの言われているコントロールの意味はまったくわれわれが常識的に考えてるのとは違います。

「思いを手放す」ことがどうしてもできない

一照 よく、わかりました。じゃ、話が戻るけど、良道さんは禅の修行の中では思いの手放しがどうしてもできないから、ビルマに行ったということをさっき聞いたけど、その時点では思いの手放しというのは子牛やお猿さんをコントロールすることで、それをなんとか達成しようと思ったけどそれが今の自分はできない、はじめはそういう理解の仕方をしてたわけですね。

良道 そうですね。瞑想の本場であるビルマに行けばお猿さんや暴れ馬をおとなしくさせる、もっと具体的でうまい方法とかテクニックを教えてもらえるという期待があったんです。

一照 自分の言うことをどうしてもきかない子牛や猿を手なずけるもっと有効な方法がビルマにあるに違いない、それを学びに行こうと思って行って、やっているうちにコントロールしいうか、その思いを手放すということ自体のビジョンそのもの、フレーム自体がガラリと変わったということとなんだね。調えるということの理解がまるっきり変わった。

良道 そう、パースペクティブ（全体の見通し）が根本的に変わってしまったんです。

一照 だから、コントロールって言っても無理やりに思いを手放すとかそういう意味じゃないし、無理やり思いが浮かんでこないように押さえつけるというわけでもないということですね。

良道　はい、だけどそうかといって、何もしないでお猿を飛び放題にさせておくわけでもないんです。お猿が幻想であることはその通りなんだけど、それを頭で理解するだけでは、本当にお猿から自由になることはできません。実際には、幻想であるはずのお猿さんに翻弄され続けることになります。頭だけの理解からさらに先へ行くために、わたしは体の微細な感覚というものに注目したんです。

一照　良道さんのアプローチでは、お猿、つまり思いそれ自体を戦いの相手にはしないということですね。いままでは直接的に思いをなんとかして手放すとか、直接的に心をコントロールしようと思って頑張っていたんだけど、それでは心というのは本当には鎮まらなくて、ますます戦場みたいになってしまう。そうならないために良道さんは体の微細な感覚を使おうというんですね。それはどういう考えから来てるんですか？

良道　わたしは、何もしなくてそのままでいいんだというのにも反対だし、なんとかして頑張って押さえつけるぞ、というのも反対です。ではどうするかというと、実は思いとは関係のない体の微細な感覚ということに気づきを向けたら、自動的に思いが浮かんでこないという事実があります。つまりそのときには、思いが手放されているということが、間接的に実現しているということです。

　そういう方法を、お釈迦さまはいくつか与えてくださっているのですが、その中から一法庵では三つだけに絞って取り上げています。体の微細な感覚、慈悲、呼吸の三つですね。体の感覚とか呼吸を見るという方法を、お猿を押さえつけるためではなくて、それとは違うパースペクティブの中で行うんです。二つの両極端を離れるために。一つの極端はわたしは何もしないんだ、しちゃいけないんだという立場。わたしはそれを「悪しきありのまま主義」と呼んでいます。たとえば「本来仏なんだから」とか「すべてが空なんだから」といったセリフがそのまままかり通るような世界です。もう一つはなにがなんでもお猿さんの首根っこを押さえてやるぞという方法をガンガンやる立場。これをわたしは「悪しきマニュアル至上主義」と呼んでいます。たとえば「この方法をマスターすればすべて解決」というセリフの通用している世界。この二つのどちらにも偏らない第三の中道をいまはやってるということです。

自然な息と普通の息

一照　ずいぶん長く良道さんの話を聞いてきたけど、僕の坐禅のやり方についての結論もまったく同じですね。面白いくらい良道さんと共通するところに辿り着いてる気がする。

たとえばいま息でいうと、「わたしは自然に息してるから、もうこのままでいいです」と言うんだけど、そのときの自然というのは本当の自然ではなくて、僕は「普通の息」って言っています。普段にやってる息。これは、実は非常に不自然な息なんですよ。

良道　自然どころか、すでにわたしたちのいろんな思いに影響されてずいぶん浅くなったり不規則になったりしてるからね。

一照　いろんな事情でゆがめられた息を、僕らは自然の息と言ってるけど、実は不自然な非本来的な状態の息。それを本来の自然な息と区別するため「普通の息」と言います。もちろん、このままでいいわけはない。普通の息をしてるからといって、すぐに死んだりはしないんだけれど、長いことこういう不自然な息を普通にしていると、いろんなところに問題が出てくる。いろんな症状が。でも、そういうことにぜんぜん自覚がないから、呼吸が改善するチャンスはいつまでたっても訪れない。これがさっき良道さんの言った、「自然が一番。何もしなくていい、しちゃいけない」という「悪しきありのまま主義」。これが仏教で言う「無明」の状態。習慣的パターンをロボットみたいにただ繰り返す自覚なき「自動操縦状態」ってやつだね。お釈迦さまも出家前はこういう生き方を王城の中でやってた。

ところがこれじゃいけないということに気がついた人がどうするかというと、今度は呼吸法のほうへ行くわけね。

良道　呼吸を向こう側において対象的にコントロールしようとすることね。なんらかの方法をこの自分が駆使して。

一照　そう、これはいま良道さんが言った、子牛とかお猿を無理やり手なずけようとする立場です。

お釈迦さまがそれまでのような生き方ではいけないというので出家して、当時のインドで手に入るいろんな方法を学んでやったのが、心の働きを停止させる瞑想だったり体を責めさいなむ苦行だったんです。つまりすでに方法として確立されていることを丁寧に丁寧に一つずつこなしていったわけね。それは、良道さんも言ったようにまるで戦場のような修行になる。悲壮感の漂う難行苦行ってやつだね。多くの場合、坐禅もそういう立場でやったりしているし、そういうレベルで教えられている。

外側から一方的に姿勢はこうしろとか、息はこうしろとか、心はこうであれというような形で、坐禅の姿勢・息・精神の理想状態を夢見ながら、いまの呼吸なり息なり心なりを対象的にコントロールしようとするから、大変な大仕事になるのは当然ですよ。向こうの言い分、まったく無視しているからね。合意も協力も取り付けないで一方的に従わせようとするんだから。そういうコントロールだとそれをやめた途端に元の木阿弥になってしまう。これが「悪しきマニュアル至上主義」。僕は、お釈迦さまが菩提樹の下に坐ったたっていうのは、そういうことを一切やめて独自の第三の道を選んだというふうに理解している。そのときの樹下の打坐が坐禅の起源だとすると坐禅もそういうものではないはず。

だから、坐禅というのは、良道さんが言ったように何もやってないというのでもないし、姿勢や息や心の首根っこをつかんで言うことを無理矢理聞かせようとしているのでもない、まさに第三の中道の実践だということなんです。

それは具体的にどういうことなのかといえば、息に関して言うとよくわかるんだけど、体があくまでも自然にやっている息をコントロールしようとせずに親密な注意が注がれている、コントロールしないでありのままの息を深く感じているといった状態なんですね。これがマインドフルな呼吸ということになる。呼吸に無自覚な状態でもないし、一方的にコントロールしようとしているのでもない。親密と言ったのは良道さんも強調してた二元的じゃないということを意味しています。自分と息の間に距離がないというか、息の中で息を聴くというか、言葉で言うとややこしく聞こえるけど、やってみたらそういうことがあり得るんですね。

自然に起きている息の状態にそういうコントロールしようというつもりのない繊細な注意が注がれていて、息が深く感じられていると、体はそれをフィードバック情報として素直に受け取って、自前の呼吸調整メカニズムで息の質が自ずと改善されていく、それをまた注意がフィードバックしてというふうに、息と注意が螺旋的に深まっていくプロセスが進行していきます。こちらは体を信頼して、安心して任せてるんですよ。わたしはこういうあり方を「(ありのままの状態を)感じて、(自ずと起きてくる動きを)許す」と言うんですけどね。ありのままを感じていると、自然な変化が起きてくるから、それを押さえたり邪魔したりしないで起こるままに、それを許すということです。

だけど、意識がボーッとしてたらそれはできない。無意識ではダメ。逆に方法一辺倒で意識的にやってても、そういうことは起こらない。それは自然の微妙な働きを人為で妨げることになるから。人為でもないし、普通の放ったらかしのどちらでもない。第三の道があるということなんですよ。僕はこれが本来の調（ちょう）だと思っていて、坐禅はそういう意味の調身・調息・調心でやっていかないとダメだろうというのがいまの僕の考えなんですよ。どうですかね？

それから、これも良道さんがコントロールについて言ったのと共通してるんだけど、僕らは「調」をこの俺が何かに対して行使するコントロールの意味で理解してて、要するに「一方的支配・管理」という意味で理解してるけど、それは間違いだと僕も思っている。ブッダが言った「よく調えられし自己」というときの「調」というのは、この第三のアプローチでいかないと絶対に成立しないというのが今の僕の考え方です。正身端坐（しょうしんたんざ）とか只管打坐というのはこの意味の「調」でやらなきゃいけないということです。

良道さんはたぶんビルマでパオ・メソッドを通ってくることでそういう考えに行き着いたんだろうけど、僕の場合はボディワークとかヨーガとか武術とか、そういう体の調整とか日常的な身体運用を乗り越えようとしてきた分野があって、僕自身もそういうところにとても興味があったし、そういう方面の指導者や実践者といろんな出会いがあって、そういうところで言われていることを坐禅に引きつけて考えてみたり、あるいは実際に坐禅のほうに応用して試したりしてみると、いま言ったような「調」でないと坐禅が坐禅にはならない、という結論に至ったわけです。そういうやり方で坐っていくと、その結果として思いは自然に手放されているし、たとえ浮かんできても思いに振り回されないですんでるということになるんですよ。

エゴの反対としての慈悲

良道　はい、一照さんのやり方はとてもよくわかりました。われわれの一法庵のメソッドでは、体の微細な感覚を見ることによって、体の微細エネルギーの海の中に飛び込む、そうすると結果的に思いが手放されている状態に入っていく。そしたらそれから後はもう体がやることだから、それに任せておけばいいんですよ。だけど、一法庵のやり方ではそこで終わりじゃなくて、さらにその次に「慈悲」というものを持ってくる。それはなぜかというと、微細な感覚の世界に入るのは体の感覚を見ることによって可能になるんだけど、それでもやっぱり心の癖というのは依然として残ってるわけです。

思いが手放された世界に入る前に、心がどう働いていたかというと、もちろんエゴとして働いていたんですよ。だから、われわれの中にエゴとしてずっと生きてきた強烈な勢い、慣性力というものがあります。

一照　なるほど、それはティク・ナット・ハンさんがしばしば使うハビット・エナジー（habit energy）というやつだね。唯識で言うところの薫習（くんじゅう）とか習気（じっけ）ですね。長年の間にしみついた身心の癖。

良道　そう、ハン師は、知らない間に身にしみ込んだ癖とかパターン化された心や体の反応の仕方みたいなものをハビット・エナジーと呼んでますね。いま、体の微細な感覚を見ることを通してシンキング・マインドを手放した後も、ハビット・エナジーはまだ強烈に残っています。だから、瞑想をやめて日常に戻ったら、またハビット・エナジーにつき動かされてしまいます。このハビット・エナジーの核にあるのがエゴです。エゴの世界とエゴが手放された慈悲の世界との違いをはっきりわからなきゃいけない。ハビット・エナジーを乗り越えるために。

一照　じゃあ、いま僕が言ったこの第三のモードで坐禅しても、ハビット・エナジーが手付かずの状態で依然として残るということね。だからそれだけでは十分ではないと。

良道　坐禅している間は大丈夫だろうけど、日常生活に戻ったらやっぱり出てしまう。

一照　坐禅から立ち上がって人間関係の中に入っていったらということね。

良道　そうです。だから、このエゴのハビット・エナジーを断ち切るために、慈悲というものを養わなきゃいけない。そのためには、慈悲の正反対であるエゴの本質を知らなきゃいけない。エゴの本質とは何なのか？　エゴというのはもともと頼りないものなんですよ。エゴというのは、本当は自分が存在してないっていうことをうすうす知ってるものなんですよ。

　だから、自分は本当は存在してないんだと知ってるものは、自分が幻であるということを見透かされるのがいちばん怖いわけ。それでなんとかして実在感を持とうとして何をするかというと、強烈なネガティブ・エナジーを得ようとするわけ。ネガティブなエネルギーは確かな手応えがあり、実在感を得られるから。だからエゴはうわべは幸福になりたいというポーズを取ってるけど、本当は自分をみじめな状態にとどめておきたいんですよ。ネガティブなエネルギーに充ちた状態ですね。だから幸福なエゴというのは、この世に存在しません。

　そういうエゴの本質を知って初めて、エゴを手放すことができる。ではどうやって手放すか？　エゴの反対のものを養うことです。それは何か？　それこそが「慈悲」というものですね。慈悲はエゴが欲しがっているものの真反対なんです。そういう慈悲を願うことによってエゴが存在できなくなるわけです。

　こうして、体の微細な感覚を見ることで、まずシンキング・マインドが手放される。次に、慈悲の瞑想によってエゴにまとわりついていたハビット・エナジーが根こそぎにされる。そして最後に残るのは何かというと、気づいている意識、これがマインドフルネスですね。一法庵のメソッドだと、このマインドフルネスで呼吸を見るんです。

一照　なるほど。それで三点セットになっているんですね。

良道　ですから体の微細な感覚、慈悲、呼吸というこの順番が大事なんです。最後のマインドフルネスで、いまは呼吸を見ているだけですけども、将来はもちろんその先にある感情とか思考とか、もっと複雑なものを見ていく予定でいます。

一照　『四念処経』にあるようにまずはじめに、呼吸を見ることが十分にできるようになってから、その先に感情とか思考とかを見ていくというプログラムを構想しているわけですね。

慈悲の瞑想との出合い

良道　わたしの考えでは身体の微細な感覚を見るだけではどうしても十分ではないんですよ。この先にやっぱり慈悲というものを持ってこないと、わたしたちのエゴの持っているハビット・エナジーを乗り越えることはできないと思うのです。この慈悲というのは、わたしにとって本当に盲点でした。前にも言ったけど、わたしがまだ禅僧だったころ、あるテーラワーダの長老のところへ行って、慈悲の瞑想を教えてもらいました。そこで初めて「わたしが幸せでありますように」という言葉を聞きました。「生きとし生けるものが幸せでありますように」というのは大乗仏教にも似たようなものはあるから問題なく受け入れられたんだけれども、慈悲の瞑想の最初で「わたしが幸せでありますように」というのを実際に念じたときに、やっぱり衝撃を受けました。どういう衝撃だったかといえば、何か盲点を突かれたような気がしたんですよ。いままでそういう発想がまったくなかったところに、いきなりそこをグサッと突かれたというような感じです。

「わたしが幸せでありますように」は、単なるエゴの自己中心的な願望ではないか、と誤解しそうになるけれど、なんかとんでもない真理がここにはあると感じました。それから何年もたってようやくわかってきたのが、「わたしが幸せでありますように」というのは、これはエゴに対する死刑宣告なんだということです。なぜかといえば、エゴが幸せを望むことはあり得ないから、それを望むことで、エゴを存在できなくさせるわけです。こうして慈悲の瞑想では、最初のところでエゴを根こそぎにしてしまうのですね。

一照　なるほど、それはすごく面白いね。エゴは表面的には幸せになりたいと思ってエゴイスティックに、それこそエゴがエゴイスティックに（笑）幸せになろうと努力しているように見えるけど、実はその裏では、「自分を幸せにしないように」という動機が隠れてるということなんだ。

良道　エゴは本当は自分が幸せになると困るような存在なんですよ。だから「自分が幸せでありますように」なんてエゴには絶対に言えないセリフなんです。

一照　「自分が幸せになりますように」というのはエゴとしては素直には言えないことだった。じゃあ「自分が幸せになりますように」って言ってるのはエゴじゃなくて、何が言っていることになるのかな？　もし、そういうことを念じることができたとしたらそれはエゴが急所をグサッと刺されたような感じになるわけだね。

良道　その通りです。「わたしが幸せでありますように」という慈悲の瞑想をすることで、初めてエゴの正体が見えてくるんです。自分の幸せを本当に願うことができたら、後は他の人たちの幸せを願うことはもう簡単にできます。

一照　僕もＩＭＳ（Insight Meditation Society　米国マサチューセッツ州バリーにあるヴィパッサナー瞑想のセンター）でラリー・ローゼンバーグさんの指導で十日間瞑想コースをやったときに、やっぱりメッタ瞑想って慈悲の瞑想をやるセッションがあったんだけど、僕も妙に抵抗があったね。なんかいちいちそんな当たり前なことを仰々しくやらなくてもいいじゃないか、というふうに思えたね。なんか照れくさいというような感じでね。

僕はいま、禅の中にボディワークで取り上げられているような自然の体の働きの側面をもっと導入すること、道元禅師が言う「身も心もはなちわすれて、仏のかたになげいれて、仏のかたよりおこなわれて」とか、「力をもいれず、心をもつひやさず」ということを単なるスローガンとか観念じゃなくて、もっと具体的に方法的に、技術化してやっていったらどうなるのか、という問題意識でいろいろ実験中なんだけど、いまのところその中にはわざわざそれとは別個に、慈悲の瞑想をする必然性というのがいま一つ感じられないんだよね。いま、良道さんが慈悲の瞑想について言ってたのを聞いてて、いまの自分の坐禅参究プロジェクトの中にどうやったら慈悲の瞑想をわざわざやる理由が生まれてくるかなって、考えてしまいましたよ。

良道　だって、人間には心というものがあるでしょう。そしてその心でもって、誰でもさんざんいろんな人ともめて生きているでしょう。奥さんや旦那さんともめてきた。職場の同僚ともめてきた。両親ともめてきた。坐禅しているときは、もめ事も忘れていられるかもしれないけれど、そこから出たときに、やっぱりまだ全然解決がついていないことがわかります。パートナーとの関係とか、子供のとき受けたトラウマとかが、やっぱり強烈に残ってますよ。だからそれはもうダイレクトに慈悲の瞑想でなんとかするしかないんですよ。

一照　でも、人間てそういうことをすべて処理しなきゃいけないものなのかねえ……。抱えながら生きるってことはどうなのかな。

良道　それはきちんと処理しないとしんどいですよ、やっぱり人生は。

一照　そこが良道さんと考えが違ってくるとこだな。

良道　でも、それをしないと本当には幸せにはなれないと思いますよ。

慈悲の瞑想は必要なのか

一照　僕は大学で臨床心理学をやってて、そういう人間の心の問題ってものをずっと学んできたんだけどね。でもいまは、僕はそれはあえてそこまで完全に直そうとしなくていいんじゃないかと思ってる。それをやろうとしたら悲壮な人生になるような気がしてね。もうちょっと気軽に考えたほうがいいような……。違いがあるとしたら、その辺に僕と良道さんのスタンスの違いが出てくるなと思いますね。

良道さんが一法庵で教えているメソッドの中に慈悲の瞑想がどうしてもなくてはならないアイテムなんだというのがよくわかった。で、それがわかったうえで言うんだけど、僕のいまの坐禅の中に「慈悲の瞑想」という形で、言語化して、ビジュアリゼーションでもイマジネーションでもいいけど、ああいう形でやるというのは、どうしても必然性が感じられないんだよね。ラリーさんのときは試しに教わった通りにやってみたけど……。そのとき抱いた最初の違和感というのはいまでもやっぱりあるなあ。

良道　たとえば最近、うちでこの慈悲の瞑想をしたとき、ある女性に「嫌いな人を選んでその人に慈悲を送ってください」と言ったら、「わたしには嫌いな人なんていないんですけども」って言うんですよ。

一照　まさかそんなことはないだろう。人間誰でも生きてたら嫌いな人が一人もいないわけないだろうと思うよ。

良道　はい、その通りで、その証拠によくよく聞いてみると彼女は「でもわたし、お酒を飲んじゃうとブレーキが利かなくなって人の悪口ばっかり言うんです」と話し始めたんです（笑）。「ほら、あなた、ちゃんと憎んでる人がいるじゃないですか」。ときどきいますよね、「自分には嫌いな人なんかいません。だから慈悲の瞑想なんて必要ありません」なんて言う人が。

一照　そういうのはいわゆる「いい子ちゃん」なんだよね。僕もそうなのかな（笑）。それにしても、禅の伝統では良道さんがやっているような方法として確立された形での慈悲の瞑想なんて聞いたことがないよね。どうしてそれなしですんできたんだろう？　道元禅師は「自未得度先度他」って言ってるわけで、あれは慈悲のことでしょ。自分より先に他人を救えという意味だから、ちゃんと強調はしてるよね。

良道　そうですね。そういう慈悲の行為を強調する言葉はたくさんある。たとえば『正法眼蔵随聞記』なんか見ても、あらゆる手段を尽くして「人を助けろ」って言ってますよ。お金が必要な人がいたら、お寺の大事な仏像に使う金箔ですらあげて助けろとかね。

「わたしが幸せでありますように」の衝撃

一照　それは確かに言ってるけど、どう見ても「メソッド」じゃないでしょ。慈悲の瞑想みたいにメソッド化はしてないよ。良道さんのやってるような瞑想行の一部としてのメッタ瞑想というのは伝わらなかったのかねえ、大乗の中に。僕の正直なところを言うと、慈悲というような自然な情緒をメソッドにしてしまうというのはどうも、ね。なにか嘘くさいものになりそうな感じがするんだけど。

良道　呼吸の瞑想だったらすでに大乗仏教の中にだってあったじゃないですか。だから禅僧としてテーラワーダ仏教に出合ったとき、呼吸瞑想そのものに対しては、衝撃を受けるということはまったくなかったんだけれど、やっぱりメッタ瞑想、特に「わたしが幸せでありますように」という念じ方には大きな衝撃を受けました。まさに「こんなのありかよ！」っていう感じでしたね。

一照　たいていの日本人はそう思うだろうな。いまの僕がそういうところかな。

良道　わたしも最初は「こんなのありかよ！」と思った。一年に一回インドにあるチベット仏教のセンターでリトリートを指導しているんですが、そこでチベット仏教を普段勉強している人たちに慈悲の瞑想を教えると、やっぱりかれらも「こんなのありかよ！」と言うんです、必ず（笑）。〝May I be well and happy.〟という文言にものすごい抵抗を感じるようです。

一照　そうなんだ。ということはチベット仏教の人たちにも「わたしが幸せでありますように」と念じるのはやっぱり馴染みのないことなんだ。

良道　チベット仏教には慈悲の瞑想の種類はいっぱいあるんですが、だけどやっぱり、〝May I be well and happy.〟とは言わないみたいです。かれらには、トンレンと言われている行法がありますね。

一照　それって、自分の目の前に苦しんでいる人のイメージを思い浮かべてその人の中にある黒くて嫌なもの、苦痛や不幸を自分の中に吸い込んで、それをいいもの、幸せや功徳に変えて、それをその人に吐き返すという、すごい行法のことでしょ？　外にある邪悪なものをわたしの中に入れて、それを錬金術のように変えていいものにして外に出すというのは、普通と逆だよね。普通は外のいいものを吸って、自分の中の悪いものを出すんだけど、その反対をやらなきゃいけない。僕もあるテープのガイドに従ってそれをちょっとやってみたんだけど、なんか気持ち悪くなっちゃってね（笑）。

良道　そのトンレンが成り立つのはすでに慈悲に触れているからです。なんの準備もなしにいきなり「黒いものを吸え」なんて言うと、みんな我慢大会になっちゃうし、実際気持ち悪くなりますよ。

一照　修行だから嫌でも「やらなきゃいけない！」みたいな。でも潜在意識は嫌がっているということだね。

良道　そう、まさに潜在意識は嫌だと言ってる。だから、それは本当に黒いものを吸っても慈悲の光に変えられるという自信がない限りは実際は無理なんですよ。

一照　仏教の「空」というか、そういうことも本当にわかってないとね。やっぱりそこには智慧がないと。それから技法に対する信頼も。そうでなければ潜在意識は嫌々なんだけど、言われたからしょうがなくやるというようになって自分を傷めるだけになってしまうからね。

それでいまちょうど思い出したけど、良道さんとの話の中にどっかでやっぱり「潜在意識に働きかけるような修行でなければいけない」ということを話題にしたいなと思ってたんですけど。いまちょうど出てきたね。さっき話したハビット・エナジーってまさに潜在意識だよね。

潜在意識に働きかける

良道　だったら慈悲の瞑想というのは潜在意識に直接に効きますよ。それは、エゴのハビット・エナジーに直接効く。嫌いな人なんかいないと思っている人たちの潜在意識を揺さぶってしまう。

一照　潜在意識に関連して言っておきたいと思ってたことは、意識してやれることの限界っていうことなんです。僕らが普通メソッドって言う場合、それは意識してやるメソッドなんですよ。意識の届く範囲で行うメソッド。仏教はフロイトなんかより遥か昔に潜在意識の強烈さというのをすごくよくわかってる。意識的なメソッドというのは調子よく行ってるときはまあいいんだけど、なんか普段と違うようなシチュエーションになったときに、普段ならやれてたことがまったく出てこなくなって、いままで通りの潜在意識にたまった癖みたいなものが表に出てくるというのは、たぶん良心的な人であればあるほど自覚せざるを得なかったのだろうと思うんですよ。これがハビット・エナジーですよね。

仏教が単なるエクササイズやメソッドだと思ってる人たちが見落としてるのは、仏教の修行法が意識よりも深い潜在意識のところに焦点を当ててるってことだと思う。潜在意識に効くような、あるいは潜在意識を問題にしてそのレベルからの変容を目指してるということです。ティク・ナット・ハンさんの言い方だと〝transformation at the base〟というやつね。これは唯識の転依（てんね）の訳語だけどね。阿頼耶識（あらやしき）という人間存在の土台からの変容という意味。

呼吸のコントロールという話があったけど、僕らの呼吸というのはものすごく複雑で微細なメカニズムの働きで行われている。意識がカバーできるのはせいぜいそのほんの浅い一部だけ。だから、意識で呼吸をコントロールできてるなんていうのは幻想でしかないし、意識で呼吸の全体を見るなんていうのも無理な話。意識ができるのはそういう神業のような呼吸の生得的メカニズムの邪魔を極力しないようにして、みんなお任せして、それをできるだけ深くじっくり味わうことくらいなんだね。いま自分の呼吸がどうなっているかを素直に感じることくらいで、後はお任せ。そうしたら意識が自分のちっぽけさを自覚して少しは大人に成長する。

そう考えると、慈悲の瞑想も潜在意識に関わる行法だったんだね。僕には潜在意識的にそれに反対してるというか、受け入れられないで抵抗しているエゴがいるということか。確かラカンだったかな、「ナルシシズムというのが愛の起源だ」っていうふうに言ってるけど、慈悲の瞑想はナルシシズムを超えてるよね、だって慈悲の瞑想では自分の他にも「嫌いな人も幸せでありますように」ってやるからね。慈悲が最終的にはすべての人に平等に向けられるから。

良道　はい、慈悲の瞑想では慈悲を送る順番はきちんと決まっていて、まず自分、それから好きな人、中立的な人、そして嫌いな人、最後に生きとし生けるものすべてという順番になってます。

一照　だからナルシシズムを拒否しないで受け入れて、それを純化していくみたいなそういう方向なんだろうね、きっと。

良道　たぶん、一照さんのやっている坐禅と、わたしのやっている微細な感覚を見たり呼吸を見たりするところは完璧に同じなんだけど、この慈悲がね、一致しないんだよね（笑）。

一照　そう、慈悲の瞑想だけが、いまのところ僕の坐禅のどこに入れたらいいかよくわからない。そこには、すごく大事な問題があるような気がするんだけどね。

僕もさっき言ったような意味での〝調〟でできている坐禅の状態でいたら、自分が閉じていて、世界から切り離されて孤立してるんじゃなくて、すべてと繋がっていることが実感としてはっきり見えてきて、しかもそれを心からありがたいと感じる感情が自然に湧いてくるんですよ。そのことは僕の坐禅の本にも大事なこととして書いてるんだけどね。でも、僕はそれを慈悲とは言わないで「アピリシエーション（appreciation）」と言ってるのね。アピリシエートするっていう英語には二つの意味があって「感謝する」という意味の他に「鑑賞する」、「よく理解してよく味わう」というのがあるわけですよ。絵画を鑑賞するときにアピリシエートという言葉を使うからね。よく理解しているから感謝できるんだよね。感謝しているからよく理解できるということもある。だから坐禅というのは確かにアピリシエーションという感情を豊かに育てていることは間違いない。

それはそうなんだけど、それを方法として、あのメッタ瞑想のように言語化してシステマティックにやるというのは、衝撃といえば衝撃だよね。僕にとっては思いつかないというか、発想しにくいし、なんかやりづらい気がする。

良道　だから坐禅したときには、それこそ「慈眼視衆生」ですよね。これは『観音経』の言葉なんだけれども、「慈悲の眼でもって衆生を見る」という意味。慈悲の眼で見ているのはここでは観音様だけども、坐禅をしたら誰でも慈眼視衆生の観音様になりますよ。

一照　自ずからそうなるというか、坐禅の功徳としてそうなってしまう。当然それが坐禅の中に成分としてあるわけだよね。だからわざわざそれをメソッドとして取り上げて、なんていうのは野暮というか（笑）、わざとらしいというか……。

良道　確かに坐禅するとそうなることはわたしもそう思います。だけれども、一照さんもわたしもたくさんいままでネガティブなものを持って生きてきたわけですよ。それがこんがらがったひもの結び目のようになって心の中に残っているんです。だから、それを意識的にほぐしていく必要があるし、その有効的な方法も具体的な形で伝わってきている。一照さんは坐禅したらアピリシエートという感情が生まれると言うけれど、誰でも慈悲の瞑想をすれば、それと同じような気持ちが湧いてくるんです。さらに慈悲をもっと積極的に育てていくことができるんです。たとえば、わたしはよく赤の他人に対する慈悲ということで例に挙げるんですが、喫茶店で、コーヒーを飲んでいるとすると、その時店内にいるすべての人たちを愛おしく思って「すべての人たちが幸せでありますように」と願えるようになっていきます。

「わたしの嫌いな人々が幸せでありますように」

一照　良道さんは慈悲の瞑想の有効性を実感してるわけね？

良道　大いに実感しています。

一照　単なる頭の中のファンタジーじゃなくて、実際に何かが、それこそ潜在意識領域で何かのプロセッシング（情報処理）が起こってるという実感というか手応えがあるわけですね。

良道　はい、たとえばトラウマの乗り越え方として、いまはっきり認められているやり方はこうですね。たとえばある人間のことを思った途端に反射的に嫌なことを思い出すという場合がありますよね。

一照　フラッシュバックというやつね。

良道　いま一法庵の慈悲の瞑想だと、この嫌な人をわざわざ思い出させています。

一照　わたしにトラウマを与えたあの憎い人物を、わざわざ（笑）。

良道　「その嫌いな人が幸せでありますように、苦しみから解放されますように」と願うんです。いままでその人を思い出した途端にいきなりフラッシュバックが来ていた人をまったく違う目で見られるんですよ。そうすると、この嫌いな人とフラッシュバックという自動的な繋りというのが、そこで断ち切られるんです。これは絶対に本当です。

一照　僕が日本語に訳した英語の仏教心理学の本（キャロライン・ブレイジャー『自己牢獄を超えて　仏教心理学入門』）にもそれとよく似た例がありましたね。慈悲の瞑想の中でそうやっていくという記述もそういえばありましたね。きっと本当に効果があるってことが事実として確かめられてるんだろうね。

良道　慈悲の状態だとその嫌な人を思い出しても大丈夫なわけですよ。だからそれをもっと自覚的にやるということですね。

一照　なるほどねえ。よし、慈悲の瞑想、取り入れてみるか、僕も（笑）。慈悲の瞑想についての本とか、実は何冊か持っていて、ぱらぱらと見てはいるんだけど、まだ自分でも本格的にはやってないし、だから人にもまだ勧められないんだよ。

良道　自分でやってなるほどと得心してからじゃなければ勧められないよね。

一照　だけど、良道さんと話してて、ちょっと考えを変えて取り組んでみようと思ったよ。

良道　だからわたしは一照さんが言ってることが全部わかるけれども、だけどやっぱりちょっと自分の中のネガティブなものを浄化する具体的なやり方っていうのも、やったらいいんじゃないのかなとは思いますよ。一応基本的にはわたし、それから好きな人、次に中立的な人。中立的とは好きでも嫌いでもない人、これは要するに赤の他人のことですね。たとえば、江ノ電で来たなら江ノ電で誰かと出会ってるでしょう。そのうち覚えている一人を選んでその人に慈悲を送ります。

一照　そういう人を心の中でビジュアライズさせるの？

良道　ビジュアライズさせる。それから最後にトラウマの原因になったような人ね。その人のことを思った途端に嫌なことを一気に思い出すだろうと。

一照　それ良道さんがいちいちガイドしてやってるの？

良道　もちろん、ガイドしながら進めていきます。ガイディッド・メディテーション（誘導瞑想）というのは一照さんは慣れてないから。

一照　いや、実は僕も坐禅のときガイドすることがあるんだよ。みんなが自分の努力で、自力で坐禅しないように、ときどきね。みんなの様子を感じ取りながら必要な時に。

良道　本当に？

一照　うん。だけど、それは慈悲のガイドじゃなくて、「調」のためのガイド。「自分の体重がいま、坐骨のどこに落ちているか感じていますか？」とか「床と自分の体が接している感覚を感じてください」とか「恥骨とへその距離はどうでしょうか？　それが広がっている感じはありますか？」とか「いま、息がどこで一番クリアに感じられていますか？」「吐く息がどれくらい長く続いているか感じてみましょう」「音を聞きに行こうとしないで届いている音を受け取りましょう」とかいろいろ言うことがあります。ほとんど即興的にね。

　今度良道さんに来てもらって、うちの坐禅会で慈悲の瞑想の手ほどきをやってもらおうかな。

良道　やってもいいですよ。曹洞宗で修行の中に慈悲の瞑想を取り入れたら面白いことになるんじゃないかな。既成の仏教教団も、そろそろきちんと自己革新というのか新しい風を入れる努力をしないと時代に取り残されてしまうと思うんですよ。修正とか一部手直しとかという生ぬるい話じゃなくて、さなぎが蝶に変わるぐらいのね。抜本的なアップデートというかバージョンアップが必要な時なんですよ。

一照　うん、でなきゃそのうち博物館の陳列棚に飾られるだけの存在になってしまう。「昔々、仏教という宗教がありましたとさ」って。いまこの時代に即応した語彙や形態を備えた仏教でなきゃ。それは時代に迎合することとはまったく違っていて、むしろ時代を引っ張っていくくらいの生きのいい仏教だね。

第五章　アップデートする仏教

一照　僕らは日本の仏教の現状の中では変わり種の安泰寺という場所から修行生活を始めて、その後、アメリカの仏教に触れ、良道さんはそれからさらにビルマのテーラワーダ仏教に触れた。僕らが経験したアメリカの仏教にしてもビルマの仏教にしても、日本の主流の仏教とはずいぶんテイストが違っていたよね。同じ「仏教」といっても何か本質的なところで違いがあったように感じたんだけど。さっき良道さんが使った言葉で言えば、「バージョン」そのものが違っていたというか……。

良道　そうですね。その「バージョンの違い」という言い方はとても適切かもしれませんね。われわれが出会った安泰寺という非常に例外的な場所の周りに広がっていた日本の仏教のことをここで仮に「仏教1.0」と呼ぶならば、アメリカやビルマの仏教はそれとはバージョン自体が違う、いわば「仏教2.0」だったと言えるんじゃないですかね。

たとえばインターネットの世界で、「ウェブ2.0」というような表現が数年前に流行りましたね。その意味するところは、二十一世紀になってインターネットの環境がこれまでとはまったく変わってしまった。通信速度が飛躍的に向上し、利用者の数が爆発的に増えた結果、これまでの固定化した情報の送り手と受け手の間の一方通行の情報の流れではなく、誰もがウェブを通して情報を発信できるようになった。この状況の変化の中でいまさら小手先の変更をしていても埒があかない。われわれはもうまるごと異次元の世界に突入している。いままでの旧次元の発想、常識が一切通用しないのだから、その覚悟をしよう。まったく新しい発想のもとで、ウェブのあり方を考えていこうということでしたね。こうしてそれ以前のインターネットの世界「ウェブ1.0」とはまったく異なる世界が生まれました。それが「ウェブ2.0」でした。

それと同じようなアイデアで根本的にバージョンの違う仏教を区別して、ここでは仮に「仏教1.0」、「仏教2.0」と言ってみるのはどうですかね。そう呼ぶことで何かが見えてきませんか。

一照　なるほど、「仏教1.0」と「仏教2.0」か。それはうまい言い方だ。これから話を進めていくのにとても便利かもしれない。この二つのバージョンの違いってどういうところにあるのかな？

「仏教1.0」

良道　やっぱり一番大きな違いは、アメリカやビルマで出会った人たちは自分自身の心の問題を仏教を通して真剣に解決しようとしていたということでしょうね。これが「仏教2.0」の特徴の一つ。そこから見ると仏教国のはずの日本では、仏教という薬が自分の人生の問題を解決するリアルな力を持っているということが実は信じられていない。信じられていないから本気で実践されてもいない。そこでは仏教が単なる社会風俗の一部になっている。名だけがあって実がないというか、形だけのものになっている。これが「仏教1.0」と言ったらいいのでは。「仏教1.0」の状況を喩えて言うと、病で苦しむ人が山ほどいて、「病院」という看板のかかった場所もたくさんあって、そこには医者や看護師もいる。だけど、病人のほうは医学が自分の病気を治してくれるとは思っていないし、医者や看護師もそれを信じてはいない。でも病人は病院に出入りしている。そこで何をしているかといえば、庭で紫陽花(あじさい)の花を見たり、食堂でヴェジタリアンの食事をしたり、病室で宿泊したりしている。でも、医療行為だけは行われていない。こういう不思議な状況が日本の仏教の現状なんじゃないですかね。医療行為が行われていない病院がいっぱいあるって不思議じゃないですか。それを不思議と思わないのが、さらに輪をかけてとても不思議なんですよ、わたしには。

一照　なるほど、その喩えはわかりやすいけど、手厳しいね(笑)。僕らがアメリカに行って、何かとても新鮮に感じたのは、その喩えで言うと、かれらは医学を信じて医療行為を一生懸命やって、病気を本気で治そうとしていた、それに感動したということになるね。

良道　その通り。それに加えてわたしがビルマで感動したのは、この喩えの延長で言うと、社会全体が医学を深く信じていて、医者や看護師の働きにものすごく大きな期待を寄せてみんなでそれを支えているということ。そして医者や看護師さんたちもその期待に応えるべくものすごく努力しているということでした。それと、いわば医療保険制度のようなものも実に充実していて、誰でも自由に医療を受けられるようになっているんです。つまり瞑想修行したいと思ったら、ビルマ中にたくさんある瞑想センターに行きさえすれば衣食住のサポートがすべて完備されていて、安心して瞑想に打ち込めます。そのビルマ社会全体の仏教を修行する人へのサポートの手厚さには本当に度肝を抜かれましたよ。わたし自身それによって救われた一人なので、もういくら感謝してもし足りないぐらいなのです。

「仏教2.0」

一照 そういうのが本当の意味での「仏教国」のあり方だと思う。日本の仏教はどうしたらそういう方向に転換していけるんだろうね。

ところで、「仏教1.0」の日本にも、「仏教2.0」的な仏教が育ちつつあるんじゃないかと思うんだけど。というのは、二十年近くアメリカで暮らしてから、二〇〇五年に日本に帰ってきて驚いたのは、テーラワーダ系の長老たちの本がたくさん書店の仏教書コーナーに並ぶようになっていたし、ヴィパッサナー瞑想のリトリートがあちこちで開催されてけっこう人が集まっているという状況になっていたことなんですよ。いつの間にそんな変化が起きたのかって、ね。

良道 日本では明治時代以来、南方仏教の学問的研究は盛んに行われてきましたね。「南伝大蔵経」がすでに戦前に完成されたほどに。でもそれはあくまでも日本の学者さんたちによる研究でした。それに対してこの十数年の間に、ビルマやスリランカから長老（先生クラスの僧侶）方が多数来日されて瞑想指導や講演を盛んにされるようになったんですよ。最初は通訳を通してでしたが、最近では完璧な日本語を話される長老もいらっしゃるので、そこに多くの人が集まり始めている。その動きに触発されて、日本からテーラワーダの本場に行って現地で学ぼうという人も出てきているんです。

一照　日本でもテーラワーダの伝統的な瞑想を本場の先生の指導の下で修行できるようになったということなんですね。それは素晴らしいことだと思うんだけど、でもどうしてそういうところに人がたくさん来るようになったのかな？

良道　自分の人生のいろいろな問題に対して、きちんとそれはこういうことですよと明解に仏教の立場から説明してくれるし、その問題への対処法もきわめて具体的に手ほどきしてくれるからですよ。これまでの「仏教1.0」は、そういう日常的な悩みや苦しみにはほとんど応えてくれなかったから、それに満足できなかった人たちがどんどん「仏教2.0」にやってきているようです。

一照　さっきの喩えで言うなら、病気で困っている人々が「在来医学」を見捨てて、「外来医学」に注目し始め、外来医学の手引書を読んだり、「外来医学」の医者や看護師さんたちから医療を受けているということが日本で起きているということになりますね。そうすると「在来医学」、ここでは日本の伝統的な仏教、「仏教1.0」のことなんだけど、それと「外来医学」の間で葛藤とか軋轢とか摩擦、患者さんの間での混乱とか、そういうことは起きてないのかな？

良道　そこはなんといっても仏教だから、他の宗教のように両者の間で、派手にケンカをするというようなことは起きていないんですが、でも個人の内面ではかなりの混乱があるみたいです。これまで日本の伝統である大乗仏教を学んできた人がテーラワーダ仏教に出合うことで、「大乗仏教は間違っているんじゃないか」という疑いを持ち始めているということがあります。もう一つは、日本の伝統的な仏教にまったく触れることなく、いきなりヴィパッサナー瞑想にはまり込んでしまって、せっかく足元にある豊かな伝統から切り離されたままになっているということがあります。これはあまりにもったいないことだし、望ましいことではないとわたしは思っています。

一照　それはさっきの喩えだと、在来医学をやってた人たちが自分のやっていることに自信を失ったり、外来医学にかぶれて足元の財産を捨て去るようなことに当たりますね。もしかしたら、在来医学者の中からそれをやめて外来医学に転向するような人も出てきたりしているんでしょうか？

良道　そういう話も見聞しています。でも、いろいろ混乱はあっても、みんな一生懸命自分の問題を、病気を、仏教という医学を使って本気で治そうとしているんです。その点で、仏教の治癒力を信じることなく、病院の維持管理ばかりで、医療行為を行っていない「仏教1.0」に比べれば、遥かにましだと思うんです。

一照　それについては僕はこう思うんですよ。在来医学のスローガンは一言で言うと「本来無病」、つまりもともと病気なんてものはないんだ、ということだったんじゃないか。「本来成仏」とか「即心是仏」「衆生本来仏なり」という言葉がそれに当たるんだけど、これがいつしかその深遠な真理が見失われて、表面的で浅はかな理解のまま独り歩きするようになると、医療行為の必要性そのものが最初から否定されちゃうよね。もともと仏なんだから修行の必要なんかないじゃないかって。病気がないのなら医療行為は必要ない。さっき出てきた「悪しきありのまま主義」になりかねない。で、実際そういうことになってしまった。

良道　そうなりますよね。でも、そういうセリフを吐いて、医療行為をやらない人を見ると、わたしはこう言いたくなるんですよ。「そうは言うけど、あなたの病気はまだ治っていないんじゃないですか」ってね。

一照　でも、そういう人は「治るも治らないも、わたしはもともと健康なんですよ。ご心配なく」とかなんとか言うに決まってる。「ほっといてくれ」って、ね。

良道　本人に病気の自覚がないというか、そもそもそういう自覚を封印してしまっていますからね。でも、実際には病気を隠しきれるものではないんです。その人のやること、話すこと、考えることをちゃんと観察すれば、症状は明らかに出ているんですから。家族関係に問題が出たり、お酒に逃げていたり……。

一照　建前としては「本来無病」のはずなのに、現実にはいろいろな症状が形を取って現れてきている。もしそうだとすれば、症状が症状としてきちんと認識されないから処置もされないままで放置され、本人だけではなくて周りを苦しめたりしている。極端な場合はそのまま死に至るような可能性もあるかもしれませんね、手遅れになって。こういうことが「仏教1.0」の陥穽（かんせい）として指摘できるよね。

「本来無病」に対して「仏教2.0」のスローガンは「われわれはみんな多かれ少なかれ病気である。しかし、それは治せる」ということになるね。そこから出発するから、病気の診断、原因の追究、治療法の開発といった努力が可能になる。浅い理解の「本来無病」を前提にしたらそういうことにはならないから、「仏教1.0」では結局医学が十分発達しなかったんだね。だから医療従事者だけでなく一般の人々もそれを信用しなくなった。それは、大乗仏教が大乗仏教として本当に徹底し完成することがなかった、中途半端なまま浅い理解にとどまったということになる。

この十数年の間の出来事は、「仏教1.0」という「在来医学」しか知らなかった日本の人たちが「仏教2.0」の高度な「外来医学」の理論と治療法に度肝を抜かれた、ということだった。

今まで病気なんてないと言われてたけどやっぱり自分には症状があったんだということがわかった人たちがどんどん「仏教2.0」へとなだれ込んでいるというのがいまの状況と言っていいのかな？

良道　そうですね。そういう動きは今後ますます盛んになると思います。

「仏教2.0」で病人を治せるか

一照　それじゃあ、もう一歩踏み込んで聞くんだけど、「仏教2.0」の指示に従って本気で医療行為に取り組んでいるかれらはみんな症状が治っているの？　つまり「仏教2.0」は本当に病人を治すことに成功しているんですか？

良道　うーん。

一照　えっ、なにその返事。治っていないの？

良道　そこが問題なんですよ。あれほど熱心に治療に励んでいるのに、それに見合うだけの成果が上がってないんじゃないか、というのがわたしの正直な判断なんです。実は、わたしが各地でやっている瞑想会に来ている人の中には「仏教2.0」でうまくいかずに行き詰まっている人が多いんですよ。かれらの共通した特徴は、いままで習ったメソッドではどうもうまくいかないから、わたしのところで何か別の、もっと有効な新しいテクニックを習おうと思って来ているということです。かれらといろいろ議論する中で感じたのは、これは方法やテクニックの優劣とかそういうレベルの問題でもないし、かれらの熱心さが足りないとかいうのでもなく、「仏教2.0」に何か本質的な問題というか限界があるんじゃないかということでした。

一照 ああ、そこはよくわかります。実はアメリカの禅堂にも、ヴィパッサナーをかなりやり込んだ人がけっこう来ていました。かれらの多くはかつては坐禅をやっていたんだけど、禅が「ただ坐れ」と言うだけであまりにも説明がないし、修行についても曖昧模糊としていて何をやっているのかわからなくなってきて、ちょうどそのころテーラワーダがアメリカに広まってきて、それでヴィパッサナー瞑想に乗り換えた人たちなんですよ。こっちのほうがちゃんと言葉で説明があって理解できるし、何をどうするかということがはっきりしているって。でも、そういう人たちがまた坐禅に帰ってきている。面白いなあと思っていろいろ聞いたら、みんなこう言うんですよ。「ヴィパッサナーをやればやるほど『自分』が重く感じられる」って。そりゃそうですよね。良道さんが前にも言ってるように、この自分が頑張ってヴィパッサナーをしようとしてるんだから。例のお猿さんがね。それとヴィパッサナーをやっていると「暗くなる」、つまり落ち込んでくるというようなことをみんなよく言ってましたね。その点、禅は明るくていいって（笑）。

良道 へえー、それはすごい洞察ですね。自我の強烈なアメリカ人だからこそよりシビアに表現されてわかりやすいんだろうけど、そこがまさに「仏教2.0」の本質的限界なんですよ。日本人の場合はそれほど自我が前面に出ていないからアメリカ人ほど目立たないんだけど、構造としては同じ行き詰まり方だと思います。というのは、わたしのところに来ている「仏教2.0」の人たちも、この「自分」が瞑想している限りどんなに頑張っても新しい地平が開かれてこない息苦しさを感じています。一照さんが会った人たちが「自分が『重く』感じられる」と言ったのと同じ感じだと思います。

一照　いままで「仏教2.0」という言い方で、主に日本にここ十数年入ってきたテーラワーダ仏教について話してきたけれど、僕らがアメリカで新鮮に感じたアメリカ仏教も「仏教2.0」というくくり方でいいのかな。

良道　はい、基本的にはいいと思います。どちらも仏教という薬を本気で信じて、一生懸命に治療しているのですから。でも、そうするとアメリカではいきなり「仏教2.0」が始まったことになってしまう。「仏教1.0」をすっ飛ばして。

一照　うーん。こう考えたらどうかな。僕らにとって「仏教1.0」に当たるのはかれらの場合は、キリスト教やユダヤ教だったって。かれらが仏教になだれ込んできたのは、その背景に形骸化したとしか思えないキリスト教やユダヤ教があったというのは、かれらと議論していてよくわかったよね。

良道 そう。かれらは異口同音なことを言ってましたね。

一照 かつてはそうではなかったのかもしれないけど、現在ではもはや人生のさまざまな問題に対して有効なメッセージを発することができなくなったキリスト教やユダヤ教が、かれらにとっての「仏教1.0」だったということになる。そこへアジアからまったく異なる仏教という宗教がやってきた。それは神の実在とか「キリストがもうすでにお前を救った」なんていうドグマをいきなり信じろというのではなくて、事実としていま悩み苦しんでいるこの自分をまず認めることから出発して、一つ一つ納得しながらそれを解決していける道を示していた。これが「仏教1.0」的なユダヤ・キリスト教に失望していたかれらの眼にはものすごく魅力のあるものとして映った。これはまさに僕らが言ってきた「仏教2.0」のバージョンだよね。

良道 となると、「仏教1.0」とか「仏教2.0」って仏教の内部の問題として話してきたけど、実はもっと普遍的な人間の精神の類型として「1.0」的とか「2.0」的とかというような言い方も可能かもしれないということになりますね。

「仏教2.0」の限界

一照 そういうもっと広い使い方も可能かもしれないね。

さて、これでアメリカでの「仏教2.0」と日本での「仏教2.0」が同じような限界を露呈していることが確認できたと思うんだけど、良道さんはその限界をどういうふうに理解している?

良道　第四章で話したわたしのビルマでの瞑想体験の中にその限界についての理解とそれを乗り越える糸口が秘められているような気がします。

一照　それは是非聞きたいね。実は僕は良道さんがあのままビルマに行って伝統的なテーラワーダ比丘で終わらなかったというところに非常に興味があってね。言い換えると「仏教2.0」の本場に行ったあなたがどういうわけかそれを乗り越えるというか、そこからさらにバージョンアップするような道を歩いているように見えるんですよ。つまり「仏教2.0」で終わらなかったってことだよね、それはなぜだったのか?

良道　はい、「仏教2.0」からのバージョンアップがわたしの中で起こったことは確かです。

一照　じゃあ、それはいまの話の流れからすると「仏教3.0」と言うしかないね(笑)。

良道　「仏教3.0」か……。確かにそうなりますね。では「仏教3.0」が生まれてきた背景を話しましょう。これはたぶん一照さんがいまやっていることとも直接リンクしてくると思いますよ。

第四章で、わたしがビルマでパオ・メソッドの最後の段階に入ったとき、自分の中に青空が広がっているというのを発見したと話しました。だけど、自分の中に青空が広がってるというのは、完全に大乗の考え方なんですよ。この青空ということが「仏教2.0」の限界を見極めてそれを乗り越えるうえでの鍵になるということがわかってきたんです。

一照　そうすると、良道さん自身がビルマで「仏教2.0」を一生懸命にやったんだけど、そこで行き詰まりを味わい、「青空体験」を契機として、そこを乗り越えた。そのあたりを詳しく話してもらえると、同じようなところで行き詰まっている多くの人たちの役に立つヒントになると思うんですよ。「仏教2.0」から「仏教3.0」への乗り越えということでね。

良道　はい、たとえばパオ瞑想センターのようなところには、だいたい千人ぐらいの修行者がいるんだけれども、そこで瞑想メソッドのコースを完了できるのはせいぜい十人くらいなものなんですよ。

一照　ということは、成功率は一%以下で、とっても低いってことになりますよね。それはなんでそんなに低いのか、ということをパオ先生は考えないのかな。自分の方法がまだ不十分だから、とか、どこかに欠陥があるんじゃないかとか、改善の余地があるなー、とか思わないのかな。それともできないのはやってるやつの努力が足りないという言い方をするのかな。

良道　その場合、セヤドーが言われるのは、一つはカルマについてです。「パラミ」という言い方をするんですけれども、波羅蜜（はらみつ）ですよね。仏教によるとすべてのものごとには原因と結果があるから、いまよい結果が出ないのは、過去に悪い原因があり、その悪い原因を取り除く努力をしてこなかったためとなります。悪い原因を取り除いたり、逆によい原因を作っていくことを「パラミを積む」というのです。つまり瞑想がうまくいかないのは、残念だけれども過去においてパラミを十分積んでなかったというわけです。
それともう一つは、君はやっぱり食べすぎて瞑想中に寝てるだろう。要するに努力が足りないからだと言われます。その二つですね。

一照 じゃ、メソッドそのものはあくまでも正しいということなんだね。

良道 メソッドは『ヴィスッディ・マッガ』通りなのだから、それが間違いであるはずはないです。ビルマで『ヴィスッディ・マッガ』を疑う人はまず絶対にいないから。なので、瞑想がうまくいかなくて困り果てた誰かが「わたしには呼吸がどうしても見られません」と言ってきても、セヤドーとしては「頑張れ！」と言うしかない。

一照 ああ、そう……（笑）。

良道 ひたすら頑張れの世界ですね。メソッドはもうちゃんと教えてるだろう。それでもできないというのは……。

一照 はい、わたしのカルマが悪いんです。それにわたしの努力が足りないからです。すみません、もっと努力します。こう言うしかないわけね。

良道 そうですね。カルマはいまさらどうしようもないから、後は足りない努力をなんとかするしかない。

一照 ああ、そうなんだ。要するにパオ・メソッドはやっぱりそれぐらい難しいということなんだね？

良道 難しいですね。だってメソッドの最初にやる自分の呼吸を見るということですら、みんなほとんどできないんだから。

一照 えっ、そうなの。いま言った呼吸を見るというのは、呼吸が作り出す感覚を感じるということ、たとえば鼻のあたりの空気の流れとかを？

良道 そうではないです。空気が鼻に当たるとひやっとした感覚がありますね。でもその感覚を感じ続けることが呼吸瞑想ではないです。そうではなくて、そのひやっと感じた鼻の入り口あたりに意識をおいて、鼻腔を出入りする息にただ気づいていなさいと言われます。よく使われる喩えだと、あるお屋敷の入り口に門番が立っている。門番自身は同じところに立ち続けながら、自分の目の前の人の出入りをただ観察するようにしなさいというインストラクションです。

一照 ああ、そうなの。それを「呼吸を見る」という言い方をするの？ 観察するという言い方なんだね。

光（ニミッタ）が見えてくる禅定

良道　英語だと〝Watch your breath.〟という言い方をしますね。これも非常に問題ある言い方で、後でこういう瞑想インストラクションがどうしても呼び起こす誤解について話し合うことになると思うけれど。まあともかく、そうして一時間ほど呼吸をずーっと継続的に見られるようになると、これも本当はあまり言いたくないんだけれども、光が現れてくるんですよ。

一照　それっていわゆるニミッタ（nimitta）というやつ？

良道　はい、禅相と訳されますが、禅定に近づいている「しるし」、証拠という意味ですね。光が現れてきてそれがある程度強く安定してきたら、今度は呼吸ではなく光そのものを瞑想対象として、その中にさらに集中していくと、いよいよもっと深い禅定に入っていくという流れです。

一照　南方仏教の伝統の中にちゃんと蓄積された瞑想の経験があるから、こうしたらこうなるというのが非常に緻密に記述されているんですね。だから、ちゃんと正しいプロセスを辿っていれば、こういうマークというのか、それなりの兆しがあるというのが伝承されている。どうもなんか小さなきらきらしたのが見えるぞ。他の人にも聞いたら、最初は偶然かと思ったけど、どうもみんなそうなるみたいだ。だからそれを禅定の深まりの証拠にしようっていうことだね。

だからそういう兆し、目印を、たとえばここから出発して暗いところへ歩いて行くのに、まずはとりあえずここまで行きなさいと、そういうふうにするわけですよね。サインポストみたいなものですね。いままでだったらそういう路程表みたいなものが何もないから、手探りで行ってたけど、どうも一人に限ったことじゃなくて、瞑想していたらみんなそういう現象を必ず通るらしいということがわかってきた。じゃあ、ここにまず行きなさいと言えるようになった。次はこういうことがあるからそこへ行きなさいという。そういう路程表みたいなものができてるんだね。

只管打坐というのはそういう具体的なことは一切言わないで「とにかくあっちのほうに行け」と言うだけなんですよ。もっと言うと「お前はもう目的地に着いているから行く必要がない」なんてことさえ言われる（笑）。これじゃあ、あまりにも手がかりがなさすぎるんですよね。雲をつかむような話になっちゃう。「真実は曰く言い難し」「禅は不立文字（ふりゅうもんじ）だ」とか、「やってたらそのうちわかる」とか、そういう言い方でそれ以上問題にすることを封じられてしまう。不親切この上ないよね。それと比べたらテーラワーダはなんて親切なんだろう。良道さんがビルマに行ったのもそういうところに魅力を感じたからだったよね。

良道　はい、そうでした。でもここで問題なのは、最初のニミッタにすら、本当に限られた人しか行けない。

一照　成功率が非常に低いということなの。そんなところでみんなよく頑張ってるね。俺ならできるとみんな信じてるのかな？

良道　まあ、そうなんでしょうね。パオ・メソッドでは単に呼吸が見えてるだけじゃダメで、呼吸が見えたうえでさらに光が現れてこなきゃダメなんですよ。だから光が見えてこない限り、自分がいくら「呼吸が見えてます」と主張しても通してくれないんですよ。瞑想の次のステップに行かせてくれないんです。

一照　「光が見えてる」って嘘を言ったらどうなるの？

良道　嘘を言ったら、どういう光かってチェックすればそれが嘘かどうかすぐわかる。

一照　ああそう。そこは禅の公案と同じで、いろいろ真偽をチェックするための手段があるんだ。よくできてる。

良道　その光はどこに見えてるのかとか、どのぐらいの大きさかとか、その色は？　その形は？　という具合で、これではとうてい嘘をつき通せないですね。

一照　たとえば本当に見えてる人にこまごましたことを聞いて、それを口まねしてもダメ？

良道　それでもすぐバレます。ただ、ビルマの人たちはいくらなんでも瞑想の先生に向かって嘘はつかないだろうという性善説に基づいているので、システムを悪用しようと本気で思ったらもしかしたらできるかもしれませんね。

一照　ほんとはそんなことをしてもしょうがないんだけどね。公案の答えを人に聞いて通ったって自分のためになんかならないからね。要するにカンニングなんだから。

良道 公案には虎の巻のような本もあるらしいけれど、パオ・メソッドでは正式なインストラクションの本の中で、はっきりとこうなったらこうなると具体的に最初から書いてあります。だからそれを勉強して丸暗記して、先生とのインタビューで「こういう光が見えました」と、見えてもいないのに言うことはできるけれども、いくらなんでもそれはあり得ない。

日本ではニミッタは教えられない

一照 良道さんもパオ・メソッドのコースを完了したそうだから、ニミッタを経験しているわけよね。

良道 まあ、そうです。でも、日本ではニミッタのことについては教えていません。

一照 あっそうなんだ。だけど、呼吸を観察することは、良道さんのメソッドの中では大事にしてるんでしょ？ それなのになぜニミッタのことは話さないの？ 本当に呼吸を観察していたら必ず見えるというんだったら……。

良道 はっきり言うと、わたしのところで瞑想している人の中には見えてる人もかなりいると思います。光はたぶん見えてると思うけど、わたしは「光を見なさい」なんて絶対言いません。

一照 それはなぜ？

良道　見なさいと言うと、見ようとしちゃうからですよ（笑）。ニミッタを見ようとしたら見えなくなってしまうからです。

一照　良道さんの先生のパオ・セヤドーはストレートに「見なさい」と言うんでしょ？　すると良道さんのやり方は先生と違ってくるよね。

良道　パオ・セヤドーをはじめとするビルマの人たちは非常に素直だから、「見なさい」と言っても問題が起きないんですよ。でも、西洋人やわれわれ日本人のような人たちは「見なさい」と言われると、「よし、俺は何が何でも見てやるぞ」という余計な構えを取ってしまう傾向があります。だから、日本人とか西洋人がみんなそのあたりで躓いてしまいます。その違いは何かといったら、ビルマの人たちはヨーガで言うところのバクティ（bhakti　献身）がものすごく深いんですよ。かれらは一日中、仏像やパゴダに向かって礼拝をしている。僧侶に対しても日常的にお布施をする。だから瞑想する前にもう十分「我を捨てる」というところが本当にできているのね。そこが大きな違いなんですよ。バクティができている人たちだから、「呼吸を見なさい」と言われても、「よし、見てやるぞ」とはならないのです。だけど、バクティができてない人たちに向かって「呼吸を見ろよ。見たら光が現れるぞ」なんて言ったら、どうせ「ようし、光を見てやるぞー」となるじゃないですか。それでみんな見えないということになってしまう。

一照　たぶんパオ先生たちは言葉のいい意味であまりにもナイーブなんで、そこら辺のからくりがピンとこないんだろうね。素直な善男善女を相手にしてると思っているから。だから、そこを何とかしてあげようというような問題意識がそもそもないんだ。ところが実際は西洋人や日本人はほとんどが我の強い悪男悪女（笑）。

良道　そのバクティが共有されていない我の強い、個人主義的な人たちが見ようとしたら絶対に見えない。この俺が頑張ってこのメソッドを使ったら、それはうまくいくわけがない。バクティができていて、すでに完全にお釈迦さまに身を投げ出している人たちならば、自分が全面的に信頼する先生から「呼吸を見なさい」と言われれば、ほんのちょっと意識を呼吸に向けるだけで、素直にスッと呼吸の中に入って行ける。すぐに光が現れて、深い禅定に入っていけるのです。そういう例を数え切れないほど見てきました。バクティのようなものがどうしても、瞑想の前提とされます。テクニック云々以前に態度そのものが大事なんですよ。

一照　そういう態度でいれば、こちらから頑張って見ようとしなくても、ニミッタがすっと向こうから現れてくるということか。なるほどね。向こうから現れてくれるんであって、こっちから見るんじゃないんだね。見えてくるんだから、わざわざ見ようとしちゃいけない。

良道　そう、見えてくるから、見ようとしたら見えるわけないんです。

強為から云為へ

一照　その辺はやっぱり僕が坐禅についてよく言うことと面白いくらい共通してるよね。そこら辺のことを道元禅師は強為と云為という言い方で言ってる。強為というのは俺が無理して、強制的に何かをやろうとするような行為。云為というのは頭を通さない、もっと自発的で思慮分別をはさまない行為のことなんだけど、「俺が頑張ってやってやるぞ」という強為的な態度でいる限り、絶対に到達できない世界っていうのがそこにはあるんだね。

その辺のことを言うときに僕は「マジック・アイ」の例を使うんだけどね。あの二次元パターンの図柄を普通の眼のままで「隠されている三次元の図形を見てやるぞ」と言って眼を緊張させたら三次元の図は絶対に見れないんだよ。

良道　だけど、眼を緊張させないでリラックスさせて待っているとそのうち向こうから見えてくるでしょう。

一照　そうそう。眼の緊張をほどいてリラックスして焦点を一か所に絞らないマジック・アイになって待っていると、向こうからあるときフッと三次元の図が立ち上がってくる。きっとニミッタもそんな感じなのかな？　強為じゃ見えない、云為でいかないと見えてこない。

良道　そのフッと入るところがなかなか難しくて。それで、結局ここで九九%の人がはねられちゃうというのが現実なんです。

一照　だったら、そこをきっちり指摘してあげればいいのに。強為じゃダメだよ。云為でやれよって。僕だったらマジック・アイを使って説明するよ。まずニミッタを見る前に、マジック・アイを見る練習をしろって（笑）。マジック・アイで強為から云為への態度の切り替えを学べばいいんだよ。パオ先生に勧めてくれない（笑）。

良道　それでみんなニミッタが見えないから、わたしのクティ（比丘の住む簡素な住まい）へ相談に来るので、その辺の秘訣をあれこれ教えていたのですけれどね。

一照　そのコツというか秘伝みたいなやつを？

良道　はい。特に西洋人たちに。というのは見事なぐらい西洋人が全員討ち死になんですよ。

一照　やっぱり、という感じだね。かれらはどうしても見ようと頑張っちゃうから。

良道　やっぱり西洋人で、しかも比丘になるような人たちは強烈にシンキング・マインドが強いみたいです。そういう人たちが「ようし、このメソッドを忠実に実行すれば俺にもできるぞ！」とみんな思ってやっちゃうから、もう全員討ち死にです。本当に。討ち死にしなかったのは、三人ぐらいかな。

一照　皮肉な話だね、かわいそうだけど。かれらの場合は、ニミッタを見るよりその取り組みの態度自体を変えることが、一番難しいんだね。

良道　そうそう。わたしとほとんど同期に入ったユダヤ系アメリカ人の比丘がいたのだけれど、かれもやっぱり見えないんですよ。それで「見るぞ！」って、ありとあらゆることをかれはやるのね。「こう見るのか、ああ見るのか」と、毎日毎日、インタビューでセヤドーに聞くのです。わたしも当時一緒にやっていて、近くであのインタビューを聞いていたのだけれど、ものすごく勉強になりました。人間のこの我というものの強さ、そしてそれが瞑想の最大の障壁だということをまざまざと見せつけられた。

一照　そういう人間的な頑張りをやめなさい、ということを教えるためにニミッタがあるのにね。

良道　やめたときに現れるんだけどね。

一照　なるほど、面白い。ニミッタって、実はそういうもんなんだね。人間的な力みがあったら見えないものなんだ。僕はニミッタって、良道さんが初めてうちへ来たとき、その話を聞いて、それはやっぱり幻覚なんじゃないかというような気がしてたんだよ。見たい見たいと思ってるやつが「何が何でも見てやるぞー」って頑張ってると脳がそういう状態になって見る幻覚かなって。でも、そういう状態では見えないものなんだ。

良道　見えない、見えない。

一照　あっ、それだったら見えてもいいや（笑）。

良道　ニミッタがそういうものだったら、パオの人たちはみんな見たがってるから見えるはずだけど、そうはいかないんですよ。

一照　見たがってるやつが見えるというのは、実はいけないことなんですよ。それはまずい、どうしてもそこに引っかかってしまうから。修行の妨げになる。そんなものが見えたら禅で言う「魔境」になってしまう。

良道　だからそこはうまくしたもんで、見たがっている人には見えないんですよ。

一照　ああ、そういうことならよかった、よかった（笑）。

良道　それでわたしは本当にパオ・セヤドーのところに四年間も滞在させていただいて、そのパオ・メソッドそのものからたくさんのことを学んだのはもちろんですが、それと同時にパオ・メソッドがまったくできない九九％の人たちから学んだことも非常に大きかったのです。そこから、さっき話していた「仏教2.0」の限界という問題と、それを乗り越えるヒントも見えてきました。

一照　できないということが、いい学びになったということですね。どうしてできないのか、その「からくり」というのがとても大事になってくる。それを契機にして良道さんの中で「仏教3.0」へのバージョンアップが準備されたんだね。

良道　それで皮肉なことに、曹洞宗の禅寺から遠く離れたビルマで「只管打坐とは何か？」が、また改めてわかってしまった。只管打坐とパオ・メソッドというのは、もうはっきり言って極端と極端です。この両極端をどちらも学べたことが、本当によかったといまでは思いますね。わたしが割とすんなりパオ・メソッドのコースを完了できたのも、もちろんその前に只管打坐を徹底的にやってたからです。いくらなんでも「何が何でも光を見てやるぞ！」という態度で瞑想するのは地獄行きだというのははじめからわかっていたから。

一照　良道さん、そこはもうクリアしてたのか。なるほどね。僕は、良道さんが只管打坐は「万事休息」なんて言ってどうも手応えないようだし、なまぬるすぎて埒があかなくて、ビルマで「やるぞー」というほうに鞍替えしたのかと思ったんだよ（笑）。

良道　まあビルマへは「やるぞ！」という思いで行ったのは確かです（笑）。わたしも曹洞宗を去ってビルマへ行って、これでパオ・メソッドを失敗したら目も当てられないことになるから、正直なところけっこうプレッシャーがあったんだけどね。

一照　只管打坐でもダメ、パオ・メソッドでもダメじゃ、もう他に行くとこないもんね。

瞑想のリトマス試験紙

良道　別に只管打坐がダメだったというわけではないけれど……。でも、このパオ・メソッドをやらないとどうにもケリがつかない、前に進めないという状況でしたね。

パオ・メソッドは自分で勝手に進んでいくわけにはいかないので、瞑想が停滞したまま何年も過ぎていってしまうこともあります。そうすると当然飽きてきたり、しまいには瞑想を諦めてしまうこともあります。だからはっきり言うと、非常に厳しい世界です。なぜならまさに「ついうっかりの失敗」ではなく「本質的な失敗」が表面化するから。「俺が」瞑想してたらみごとに失敗し、その失敗が顕在化する。他のメソッドだと「俺が」やったとしてもその失敗が見えない。たとえば只管打坐だったらバレないわけね（笑）。本当は見る人が見ればバレバレなんだけれども、表面的にはバレないんですよ。まあ、「俺が只管打坐をする」なんて根本的矛盾もいいところなのだけれど。

一照　たいていの人は別にそんな細かいこと気にしないからね。坐禅が本当に坐禅になってるかどうかなんてあんまり関心がない。形の上で坐っていればそれでパスする。これが形骸化が特徴の「仏教1.0」らしいところなんだけどね（笑）。そういう本質的な違いの重大さというところに眼が向かない。とりあえずそれらしいことをやっていればそれで事はすんでしまう。

良道　だけど、パオ・メソッドだとバレちゃうんですよ。だって、ニミッタが現れないんだから。

一照　それはいいなあ。そういうリトマス試験紙みたいなものがあるのは。修行の質をごまかせないから（笑）。そこが「仏教2.0」的なところだね。

良道　只管打坐はまったくリトマス試験紙がない世界だったんですよ。だからいったい誰がうまくいって、誰がうまくいってないのかがわからない。誰も気にしない。あるいはそういう考え方そのものが最初から拒否された。何もかも一緒くただったわけですよ。だけどビルマのパオのようなところへ行ったら、成功と失敗が非常にはっきり分かれていて、ああ、こういう態度でやるから、九九％の人が失敗しちゃうんだなというのがはっきりわかったのです。

一照　「見ようと思って頑張ると逆に見れない」ということね。これはとても大事なポイントだと思いますよ。それは坐禅でもまったく同じ事情がある。アメリカ人でも「よーし、只管打坐、やってやるぞ！」と「俺」が頑張るから只管打坐ができなくなる。「安楽の法門」ではなくなってしまう。欧米ではまだまだ只管打坐というのが間違ったイメージで見られている場合が多いからね。だいたい西洋の人って、「自分が努力しないのに何かができるはずがない。そんなことがあったらおかしいだろう。頑張らないやつが得をするなんて不公平だ」という信念みたいなものがあるんですよ。努力なしは成果なしってやつね。だから「自分には値しないほど素晴らしいものが一方的に与えられる」という、ああいう「他から受け取る感じ」がどうしてもわからないのね。「仏のかたよりおこなはれて、それにしたがいもてゆく」というのがどうにも難しい。

良道　〝No pain, no gain.〟でしょ。痛みがなかったら何も得ることがないということ。

一照　その表現をもじれば〝No pain, a lot of gain.〟ということだって宗教的な世界ではちゃんとあるんだってことだね。「自分で頑張らないほうが坐禅になるんだよ」なんて言うと、「そんなこと本当なのか?」みたいな顔をするからね。僕はそこが宗教の醍醐味なんだよって言うんだけどね。別な言い方だと、他力的な世界ですよ。だけど、他力といっても、俺はさぼってるからみんなお任せしまーす、横になってますから後はよろしくーではダメなんですよ。それはほんとの他力なんかじゃない。「わが身をも心をもはなちわすれて、仏のかたになげいれて」ということは自分の側でちゃんとやらなきゃいけないし、「これにしたがひもてゆき」ということもちゃんと条件になってるよね。そこのところがうまく伝えられないと、仏教の醍醐味はわからないですよ。そこをいい加減にしておくと「仏教1.0」になってしまう。

マインドフルネスについても、過剰なまでにメソッド化されるから「言われた通りにちゃんとやるぞー!」ってだけでやってるから、僕からすればマインドフルネスになっていない人が多いように見える。マニュアル通りにサティを入れられた・入れられないということにどうしてもこだわって、「どうしたらできますか」「わたしはどうしてサティができないんでしょう?」という質問がしょっちゅう出てくるわけよ。「仏教2.0」的というのはここだね。

坐禅にしてもマインドフルネスにしても、技術の習得みたいな枠組みでしかとらえられていないところに致命的な問題がある。こっちの都合に沿うように身心を外側から一方的に拘束するメソッドで、それに習熟する、上達することにばかり関心が向けられているけど、実は仏教の行というのはそういうのとはまったく質の違うものなんじゃないか、と思うんだけど。

「気づき」で「怒り」は本当に消しさることができるのか

良道　だからまさにそれが、「仏教2.0」の致命的な限界なんです。この十数年の間にマインドフルネスという言葉のもとに日本で行われたことの問題のすべてなんです。要するに「サティを入れるぞー」と頑張って、自分の怒りに対して「怒り、怒り、怒り、うー……」と。そうやって実際のところ何をやっていたのかといえば、怒りに対して怒りをぶつけていただけなんです。だから、「怒り、怒り、怒り」と言って怒りが消えるどころか、ますます怒りが大きくなる、というだけ。

一照　いま「サティを入れる」という表現だったけど、それは具体的にはどういうことをするの？

良道　はい、サティというのはパーリ語で、英語ではマインドフルネスと訳されていますが、一言で言えば「気づく」ことなんです。ヴィパッサナーの一つの技法として、いま自分の中で起こったことをある言葉（ラベル）を使って確認するというやり方があって、それを「ラベリング」とか「サティを入れる」と表現します。

一照　ああ、なるほど。だから自分が怒っていることに気づいたら、それに対して「怒り」というラベルをその都度つけるというやり方を言うのか。そうすると怒りという感情が対象化されて、一つの単なる出来事になって消えてしまうというようなことを狙っているんだね。

良道　まさにその通りだけど、実際はそんなに狙い通りのことは起こらないんです。何かそこには不自然なものがあるから。

一照　じゃあ、その不自然さについて話してみよう。いま、巷で「サティ＝マインドフルネス」と言われているものの問題点というか限界。いま起きていることに価値判断を差し挟まずに「気づく」ということ。それがいろんないい効果を及ぼすというので、うつ病なんかの治療法という形で広まっているというのがいまの現状なんだね。たとえばマインドフルネス認知行動療法というセラピーがアメリカや日本で注目されたりしている。

でも、そこにいろいろ問題があって、ニミッタにしても「見るぞ！」と言うと見られない。ニミッタが現れるということ自体は、非常に何か一つの大事なことが変わったということのしるしだから、それ自体が悪いわけじゃないんだけど、そういうのを前もって提示して「それを見ろ」と言っても見られない人がほとんどだし、なぜ見られないのかというところに非常に大事な問題がある。サティに関しても、僕がよく聞くのは「わたしはサティを入れることができません。どうしたらいいんでしょう」という質問です。できた・できないという関心から、「サティを入れたいんだけどできない。どうしたらいいんでしょうか」という質問ですね。

ただ、それはその人が下手だとか、未熟だとかそういう話じゃなくて、そもそも最初のサティというもののあり方に対する誤解もあるし、それへの取り組み方に根本的なボタンの掛け違いがあるんじゃないかというふうに、僕は感じるんだけど。

良道　その通りです。前章で、子牛の喩えでもやりましたけど、みんな子牛が暴れるのをなんとか押さえようとするわけですよね。そして押さえて押さえて、子牛の力に対抗して押さえきった状態を目指すんだけれども、本当のサティというのはもともとそういうことではないんですよ。サティを入れるぞって頑張っているのは誰なのかということです。それは結局「俺」が力んで入れてるわけです。でも、俺が力んでもサティは入らないんです。俺が力んでいる状態とサティの状態は全然違うから、両立できないんですよ。となるとサティの時は俺が引っ込んで、それとは別の何かが働かないといけないということになりますよね。

でも普通は、俺以外の何かといった場合に、もう他には何もない。その人にとっては俺がすべてなんだから、誰かに「サティを入れなさい」と教えられたら、俺がサティを入れるしかなくなってしまう。だから現代の人には、「俺」しかいないから、サティとなったら俺がサティを入れるということしか発想できないというのは必然でしょうね。

一照　それでサティができないというときには「サティを入れられないのは俺が悪い」ということになるわけね。つまり自分の努力が足りないとか、自分の取り組み方が下手だとか、自分を責める。そうでなければ、俺が悪くないんだったら、方法が悪いか間違っているということになるよね。

良道　はい。俺が悪くないんだったら方法が悪いってことだから、Aという方法がダメだったらBに行って、Bがダメなら今度はCへ行って、いろんな方法を渡り歩くことになります。そうやって方法を変えるか、あるいは同じ方法を教えてるD先生がダメだったらE先生に行く。F先生に行く。そうやって先生巡りをして、メソッド巡りをして、瞑想センター巡り、坐禅会巡りをするしかなくなっちゃうわけ。これはさ迷いですよね。

でも本当の問題は「俺がサティを入れるんだ」という出発点のあり方なんです。俺がサティを入れてる限りは、それはサティにはならない。だから、俺以外の何かがサティを入れるとしか言えないんだけど。この何かっていうのがはっきりしていないんですよ。

サティを入れる主体のことをテーラワーダでは、「ヴィパッサナー・ニャーナ（ヴィパッサナーする智慧）」という言い方をします。だけれども、それでもまだはっきりしないんですよ。

一照　でも、智慧って言っても、それはやっぱりお猿さんなんじゃないんですか？　ピョンピョン飛び跳ねていた野生のお猿さんが、修行によって飼い慣らされておとなしくなったけど、やっぱりお猿さんであることには変わりがない。

赤信号に気づく、呼吸に気づく

良道　そうなんですよ。テーラワーダにおいてお猿さん以外の主体は想定されていない。どうもその点が鍵になっているように思うのです。気づきの主体がお猿さんだけ、つまり普段のわたしという意識しかないとすると、たとえば日常の場面でわたしたちが赤信号が赤だって気づくのと、ヴィパッサナーで息を吸ってると気づくのと、どこがどう違うのかがまったく言えなくなってしまいます。

言えるとしたら、気づきの長さの違いくらいです。ヴィパッサナーのときは普段よりもずっと長く気づきの状態を維持できるという量的な違いしか問題になりません。

一照さんは車を運転しているとき間違いなく赤信号に気づける。気づけないと交通事故になるわけだから。またアナパーナ瞑想（呼吸瞑想）をやっているときに、自分の呼吸に気づく。その二つの気づきはどこがどう違うんでしょう？　自分が普段運転してるときに信号に気づくのと、いま瞑想の中で呼吸に気づくのと、この両者が同じだったら、瞑想は日常の延長に過ぎなくなります。誰だってボウッと生きてるわけではなく、みんないろんなことに「気づいて」生きてるわけですから。

そういう普段の日常の気づきと、呼吸瞑想の中での気づきとの本質的な違いは何か？　質的な違いはあるのか、ないのかと言ったときに、どうもクリアな説明がないんですよ。赤信号は俗世間のことであって、呼吸はお釈迦さまが瞑想の対象として選んでいる。だから呼吸に気づくことは瞑想になってるのだと言うのですが、これはやっぱり答えになっていないですよ。

日常での気づきと瞑想中の気づきの質的な、本質的な違いをきちんと理解してないと、本当の瞑想にはならないと思うんです。

一照　なるほど。信号に気がつく意識、主体と、瞑想の中で呼吸に気づく主体はものが違ってなきゃいけない、というのが良道さんの言い分なわけね。日常の気づきのままで、瞑想中に呼吸に気づこうとするのではなくて、そこに明らかに何かの質的な転換がなければならないんだ。

僕もよく坐禅と普通のエクササイズとどこが違うのかって言い方をするね。その違いがはっきりしていなかったら坐禅するのとジョギングするのと区別がつかなくなっちゃうよね。ずっと前だけどある臨済宗の老師がアメリカの大学に来たとき、「息子がゲームに夢中になってるのと坐禅の三昧と同じですか」という聴衆からの質問に「同じだ」と答えたのを目撃したけど、そりゃないだろうと。

良道　そう、それがわたしの言い分。だけど、普通の説明ではそこのところの違いについてまったく触れられていない。

一照　車を運転するのと同じ主体が呼吸のサティもやってるからうまくいきようがないということなんだね。

良道　はい、赤信号に気づく意識がそのまま呼吸に気づこうとしているから、それはどだい無理なんですよ。それはなぜかというと、一照さんは運転してて赤信号に気づくけれども、気づいているのはその瞬間だけで、そのすぐ後またどっかに一照さんの心は行ってるわけね。だからわれわれの普段の意識というのはぴょんぴょん飛び跳ねてるわけですよ。赤信号に気づくこともできるけれども、でもその次の瞬間、また明日の予定のことを考えたり、昨日のことを思い出している。そういうふうにしてぴょんぴょん飛び跳ねている。

　その意識でもって、車で瞑想会場に乗りつけて、そのまま呼吸に気づこうというのは無理ですね。なぜかといったら、どうせもともとお猿さんなんだから一瞬ぐらいは呼吸に気づいても、すぐにぴょんぴょん飛び跳ねて、どこかに行ってしまうに決まっています。

一照　なるほど。じゃ、日常で赤信号に気づく主体と良道さんが言ったのは禅なんかでは、見聞覚知（けんもんかくち）の主体と言うんだけど、つまり、見たり聞いたり、他のいろんなことを知ったりする主体は、たとえば呼吸の瞑想でその息に気づいている主体ではないということね。

良道　はい、そうではないです。

一照　だから見聞覚知の主体で呼吸を見ようとするところに、そもそもサティを成り立たなくさせている一番の根本原因があるということなんですね。

シンキング・マインドとサティ

良道 この普段見たり聞いたりしている主体、わたしはそれをシンキング・マインドとよく言うんですが、それがサティを入れるということは無理なんですよ。だからシンキング・マインドがいくら頑張ってもサティが入らないというのは当たり前のことです。それは本質的にサティを入れることができない主体だから。なぜかといえば、それはお猿さんであり、暴れ馬であり、子牛なんだから。

一照 禅で「意馬心猿（いばしんえん）」、つまり暴れ回る野生の猿とか馬とか言われているのは、日常の、普段の意識なわけだね。それを良道さんはシンキング・マインドと呼んでいると。

良道 そうです。普段の意識は朝から晩まで絶えず何かを考えているから、「あの時こうすればよかったのに」とか「あの人に会ったらこう言ってやろう」とか、そういうことばかりをずーっと考えている、そこを指してシンキング・マインドと言うんです。

一照 でもそれは坐禅や瞑想をやっている人じゃないと、ピンとこないことじゃないかな。だって、それが普通の、当たり前のあり方だから、「あなたは一日中どうでもいいことばかり考えている」、シンキング・マインドなんだっていきなり言われても、なんだか言いがかりをつけられているような感じがすると思うよ、たいていの人は。坐禅をやって初めて、自分の心はどうでもいいことばかり次々と考え続けているということや、止めようと思っても止まるもんじゃないということを驚きをもって知ることになる。

良道　それくらい自覚がないってことですね。だからこそ余計にこの「シンキング・マインド」という表現が有効なんだと思うんですよ。これは自覚した人の言葉ですから。

一照　シンキング・マインドでは呼吸を見ることができないわけだ。シンキング・マインドは過去と未来のことしか考えることができない。呼吸を見るというのはいまここのことだから、それは猿としての本質に反することになる。だからもともと無理なことを無理やりにさせようと修行の名において強制しようとするから、飛び回りたい猿とじっとさせたい俺の間で必然的にケンカみたいになってしまう。

良道　それはどうしたってケンカになります、それはしごく当然のこと。

一照　猿や馬をぐったり疲れ切らせるか、こっちが大失敗するか、どっちかでしかないわけだ。どっちにしてもうまくいかないということだね。

良道　それは無理。うまくいくわけがない。たとえうまくいってもこっちのコントロールを緩めたらまた元の木阿弥で、暴れ出す。

一照　前よりひどくなったりして（笑）。そういう内輪ゲンカの副作用みたいな形で、体のどこかに痛みが生じたり、みぞおちのあたりに緊張が出てくるという場合もあるだろうね。意志的な頑張りというのは度が過ぎると長い目で見ていろいろな弊害を生むからね。でもそういうことに耐えながら、それでも続けていくのが修行なんだなんてマッチョというかサドマゾ的な思い込みをしている人もいる。でもこれは仏教としては違うだろうと思うね。

シンキング・マインド、お猿さんのような日常の心で呼吸を見ることはできないとしたら、じゃあ、その息を見ることができる主体っていうのはいったいどんなものなの？

良道 息を見る主体というのは簡単で、シンキング・マインドが落ちた後に残っているものですね。普段は、われわれはシンキング・マインドとして生きているから、その延長で瞑想をやろうとしても、いままで言ってきたように結局無理。これはやっぱりいったん落ちなきゃどうしようもないんですよ。だけれども、普段は「シンキング・マインド＝自分」なんだから、この自分だと思っているものを手放すということは非常に難しいんですよね。

一照 それは自分にとっては死ぬみたいなもんだからね。瞑想をするためにはどうしてもシンキング・マインドを手放すことが必要になるということまではわかった。じゃ、難しいけどそれを手放すためにはどうすればいいのかな？

サティの行をやる前にまずシンキング・マインドを落とすために何かをするとか、そういう作業が必要になるということ？

良道 そうそう。シンキング・マインドを手放すと言っても、シンキング・マインドでそれをやろうとしてもやっぱりダメなんです。それは江戸時代の禅僧である盤珪（ばんけい）さんが「血で血を洗う」と言っているようなことになってしまいます。だから、わたしのところでは、「体の微細な感覚を見る」ということでそれをやってるんです。

一照　微細な感覚を見る？　とするとシンキング・マインドを直接どうこうしようということじゃないんだ。シンキング・マインドを向こう側に置いてそれを排除しようとしたり根絶やしにしようというアプローチではないということですね。当然、そこで体の感覚を見るのは、シンキング・マインドじゃない。

良道　はい、違います。普通のヴィパッサナーの説明だとそこがはっきりしていない。だから多くの人が体の感覚を見ようとしてどうしてもできない。「ウーン！」と力こぶを作って見ようとしてしまうんです。そういう人に「あなたはどういうふうに体の感覚を感じてますか？」と聞いたら、たいてい「実は感じていません」と言うわけです。

一照　えっ、そうなの？　体の感覚が感じられないわけ？

体の感覚が見えるということは、微細なエネルギーが見えるということ

良道　それで一法庵のやり方でやってみて、「初めてこんなふうにはっきりと体の感覚が見えた」と言う人が多いです。

一照　それはやっぱりニミッタが見えた人と、見えてない人の違いと同じようなもんだと思う

んですよ。見るコツというか態度が全然違うんですね、体の感覚を感じるという場合も。

良道　はい。体の微細な感覚というのは、われわれが普段でも感じられるような粗大な痛みとか快感とは違うんです。もっと体の深いところで微かに感じられるエネルギーの流れなんですよ。言葉で言うのは難しいんですが、たとえば掌の中にある静電気が流れるようなピリピリとした感じとか、そういう感覚。この微細なエネルギーというのは、お猿さんには見えないものなんですよ。お猿さんが鎮まらない限り、見えてこないものです。だけどヴィパッサナーで、ほとんどの人がお猿さんのままで「よし見るぞ」とやっているからこういう微細な感覚にアクセスできないんです。

一照　そういうやり方では無理なんだという問題意識がそもそもないからね。

良道　はい、第一そういう説明が指導のときに全然ないですもんね。

一照　ないよね。僕が参加した十日間コースではそういうことはまったく問題にされてなかったね。とにかくなんでもいいから身体感覚を感じろというくらいで。

良道　だから結局、お猿さんに向かって「お前、動かないでじっとして身体感覚を観察しろ」って言ってるようなもんでそれは無理な注文なんです。好きなものにはとびかかったり抱きしめたり、嫌いなものからは逃げたり攻撃したりするのがお猿さんだから。

一照　動きたくて仕方がないお猿さんに完全にじっとしてろって命令してるわけだから、そりゃどうしたってお猿さんの本性に反することをやらせようとしてることになるね。

良道　お猿さんの本性として、どうせいいものには執着して、嫌なものに対してはケンカするんだから、「お前、その執着と怒りを手放して完全に平静になれ」というのは無理な注文なんですよ。それはお猿さんにはできない話なんですよ。そうなると、二つの逃げ口しかなくて、一つは「頑張っていれば将来必ずそうなるよ」というもの。それは本当は空約束なのだけれど、でも未来には逃げることができるわけです。「君はいまはできないけれども十年頑張ればできるよ」という言い方が成り立つでしょ。よく聞くセリフですよね。

もう一つは「やっぱりちょっと過去の功徳が足りないね」という言い方。だから「どうしたらいいの？」「功徳を積まなきゃ」と言って一生懸命お布施をしなさいとか、なんか奉仕みたいなことをしなさいとか言うんですよ。でも、いまから積んでも間に合わないだろうって（笑）。大学入試の当日になって一生懸命勉強するようなもんでね。それまでしっかり勉強してなかったらいまここで急になんて無理だろうという、そういう話になっちゃうんですよ。だから両方とも、未来に逃げることも過去を言い訳にすることも瞑想の役には立たないんです。

一照　じゃ、瞑想の背景にある教義そのものの中にそういう二つの主体の区別がない。だから、実践でも区別して教えないということになっているんだ。

良道　そうです。とにかく「見ろ」と言うだけでしょ。観察しろって。

一照　さっきの「ニミッタを見ろ」というのと同じですね。

良道　無理やり「パーフェクト・エクアニミティ（完全なる平静さ）でいなさい」と言うだけなんです。

一照　だから、ニミッタなり呼吸なり体の微細な感覚なりが、「見えてますか？」「まだ見えません」というところで停滞しちゃってその先へ行かない。次元が変わらないというか、普段のできた・できないという土俵から一歩も出られない。

それは坐禅でも同じで、坐禅の格好の作り方を教えるだけで「はい、こうやって坐りなさい」、それでおしまい。その坐ることの奥深さに肉迫していくような道筋のことが全然問題にされていないし、そこから先に展開していかない。だから「やっぱり坐禅は難しい」でみんな納得しちゃってる。

良道　結局、この二つの主体そのものが違うんだっていうことが、そもそも教義の中にないから、実践の勘どころとしてのはっきりした説明がないんですよ。そうすると、みんな何をやっちゃうかというと、まさにいま言ったシンキング・マインドでもって、信号が赤だって気づく日常的な意識のままで呼吸を見ようとしたり、体の微細な感覚を見ようとするから大失敗してしまう。

一照　なるほど。僕の言い方で言うとこうなるかな。この見聞覚知の主体ってところから見ると、必ず主と客が分かれていて、わたしがここにいてあそこに光ってる信号を見るって、こういう立場で見るのね。だから息を見るというのも、息が自分の向こう側で出たり入ったりしている。それを距離を置いてこっち側から眺めている。でも、すぐそんな単調な作業に退屈してよそへ行っちゃったりするわけよね。猿なんだから（笑）。

良道　そうそう。

一照　だから、「猿がよそに行かないようにどんな手を使ってもいいからこいつを手なずけて動かないようにさせろ。それがパーフェクト・エクアニミティなんだから！」というのが瞑想の目的とされているけど、それは本来的に無理難題をふっかけられているようなもんだ、ということだね。でももう一つの気づきの主体はそうじゃなくて、こういうふうな見方をしてないわけね。ここの違いを、ちょっと言ってくれる？

良道　『サティパッターナ・スッタ』の最初のところで、「四念処」、つまり四つの気づきの対象について書いてるんだけど、四念処というのは最初の三つが体、感情、心なんですよ。要するに自分をそういうふうに分析して観察するわけね。それと最後に法、ダルマというのは、心の対象だから外の世界ですよね。要するに主体を三つに分けて、客体が一つで全部で四つになってるわけですよ。

一照　身と受と心、それと法ということか。

良道 これで主体と客体のすべてを表しているわけです。その四つに対してヴィパッサナーするということですね。

一照 それはまさに仏教の瞑想の特徴になっているよね。他の伝統の瞑想のように、何かこの世にない聖なるものとか、形而上学的な真理を瞑想するんじゃなくて、自分とその周りの世界というまさにいまここの足元で起きている事実、一言で言えば生のいのちをそのままの姿ではっきり見るということなんだね。それが念（サティ）。

主体と客体がなくなったところでしかマインドフルネスは成立しない

良道 第四章でも触れたけれど、大事なところなので再度取り上げますが、この体をどう見るかというと、「カーヤ・イン・ザ・カーヤ（体において体を見る）」と書いてあります。これは主体と客体が分かれたところで、シンキング・マインドという主体が体という客体を見るということではないということなんです。

一照 そこのところの問題は、僕は、ティク・ナット・ハンさんがいろんなところで強調しているので知ったんだけど、あまり他でそこを強調するのは聞いたことがないね。そこを特に大事に強調するというのはティク・ナット・ハンさん以外ではあまり聞かないね。

良道 わたしもビルマの先生からはまったく聞かなくて、あくまでもティク・ナット・ハン師ですね。それで、ハン師の『Transformation And Healing』の翻訳（『ブッダの〈気づき〉の瞑想』）が出てますけれども、あの中で、「マインドフルネスとは一体何なのか」って最後のほうでまとめがあります。ハン師はこう言われている。「主体と客体がなくなったところでしか、マインドフルネスというのは成り立たない」、そうはっきり書いてあるんですよ。

一照　そうだろうね。そこがものすごく大事なところなんだけどね。

良道　ティク・ナット・ハン師は、あくまでもマインドフルネスというのはこの主体と客体が分かれた世界じゃなくてそれを超えた非二元の世界のことなんだよ、ということをはっきり書いてるんですよ。それはなぜかといえば、このシンキング・マインド＝見聞覚知の主体というのは、あくまでも二つに分ける意識だから、これが働いてる限り主体と客体は分かれざるを得ない。これが落ちて初めて、われわれは主体と客体が落ちた世界に入って行ける。

一照　見聞覚知の主体が主客二元であるのに対し、気づきの主体は主客未分というのか、主客が分かれる以前？

良道　そうですね。非二元的な（ノンデュアル）というところですね。そこでしか、このカーヤ（身）、ヴェーダナー（受）、チッタ（心）、ダルマ（法）というのは見ることはできない。だから最初から、お釈迦さまは「ヴィパッサナーとは何か」と言ったときに、非二元的なところで、体と感情と心と、そして心の対象である外界を見なさいよと言っているんですよ。はっきりと最初からね。

だけど、それを明快に問題にしているのはティク・ナット・ハン師ぐらいです。なぜハン師がそういうことを言えたかというと、もちろん大乗仏教から来てるからですね。大乗仏教から来てなかったら、「カーヤ・イン・ザ・カーヤ」の重大な意味がやっぱり理解できなかっただろうと思います。テーラワーダだと体の中で体を観察すると言っても、「眼をよく近づけて見なさい」というぐらいの意味にしか取れません。

一照　じゃ、テーラワーダと大乗の大きな違いって、そこにあるということになるね。教科書的な解説だと、大乗仏教の特徴は理想像が阿羅漢（あらかん）じゃなくて菩薩だとか、修行のシステムが八正道じゃなくて六波羅蜜だとか、慈悲を強調していることになってるけど。

良道　それはみんな本質ではなくて、副次的なことなんですよ。

一照　教義的にいうと、まさにここのところにいちばん大きな違いがあるということね。

良道　要するにテーラワーダではシンキング・マインドしか想定されていない。

一照　そうか。この問題は、ちょっと僕は初耳というか、そこまではっきりと論じられているのはよそでは聞いたことはないね。

良道　テーラワーダではこのシンキング・マインドが、汚れているとされているわけ。だからこの主体が汚れているからこの汚れをだんだん落としていこう、それが修行なんだという話になります。普通のヴィパッサナーは全部そうでしょう？　体を見ることによってこの汚れを落としていこう、ということ。この汚れが完全に落ちたら、ニルヴァーナ、涅槃に到達できる。論理の組み立てとしてそうなっています。

禅の六祖が鏡を砕く

一照　僕はそういうのを塵を掃除して部屋からなくしていくというので「お掃除モデル」なんて言ったりしてます。いま、それとの連想で思い出したんだけど、禅でこういう話があるよね。中国における禅の五番目の祖師である弘忍(ぐにん)禅師のこと。禅師はその弟子の中から、真に自分の伝統を引き継げるものを見つけようとして、弟子たちに自分の理解するところを偈（詩）で表現してみろと言われたよね。まず神秀(じんしゅう)という衆望が高かった高弟の一人が以下の偈を書き出した。

身は是れ菩提樹
心は明鏡台の如し
時時に勤めて払拭して
塵埃(じんあい)をして惹(ひ)かしむることなかれ

（この体は悟りを宿す樹の如きもの、心は清浄で美しい鏡台の如きもの、だから常に汚れぬように払ったり拭いたりして、煩悩のチリやホコリをつけてはならない）

いま、良道さんが言った「汚れが完全に落ちたのが涅槃だ」というのはこの偈でよく表現されていると思うんだけど。これは僕らにもよくわかるロジックだよね。

良道　常識でもわかりやすい。けど、この論理で修行したらそれは地獄行きですよ。なぜかというとシンキング・マインドのままでは瞑想などできはしないからです。現に十年やってもできなかった。その時、やっぱりそれはもともと無理なことをしようとしてたんじゃないかと考えたほうがいいと思うんですよ。努力が足りないとか言って自分を責めるんじゃなくて。それはやっぱりシンキング・マインドのままで瞑想しようとしてた、そこが根本的な矛盾じゃないのかと。シンキング・マインド以外の何かをはっきり指摘したのが、大乗仏教だったし、それを実践的にはっきりさせたのが、禅仏教なんですよ。

一照　そうだよね。さっき言った神秀さんの偈は結局弘忍さんからはオッケーが出なかったからね。「仏教2.0」だったから。それに対して、台所で米を搗いていた男が次のような偈を書いた。

菩提本樹無し
明鏡も亦台に非ず
本来無一物
何れの処にか塵埃を惹かん
(本来菩提には樹などという不変なものはない。明鏡という決まった本心もない。本来無一物である。よって塵埃のたまりようがないから払拭の必要もないではないか)

これを書いたのが慧能という人で、結局この人が跡を継いで「六祖」となりそこから禅が中国で花開いていったという歴史があるのだけれど、この偈はさっきの神秀の偈とはまるっきり前提が違っている。塵とか払うとかいうことがまったく問題になっていない。これはシンキング・マインドの次元じゃない。神秀はシンキング・マインドの次元でそれをきれいにしようという話だったけど、慧能の場合はそもそもシンキング・マインドが落ちたところで話をしていて、そこでは払うも払わないもないということなんだよ。これが「仏教3.0」としての禅宣言になっている。この違いは決定的だね。

良道　禅僧たちは、シンキング・マインドを重ねていったはてに何かがあるんじゃなくて、「そこはすっぱり断ち切られているよ」ということを「言語道断」という言い方で表現しようとしたわけですよ、禅語として。そういう表現で言おうとしているのは「シンキングが断ち切られたところで何もなくなるんじゃなくて、かえって強烈でリアルな何かがあるんだよ。それを生きていけよ」ということじゃないですか。

一照 見聞覚知の主体、つまり良道さんが言うシンキング・マインドとは別のもう一つの主体って、僕らが修行して新しく作らなきゃいけないの？　これから改めて作り出さなきゃならないもの？　二つの心があるという話になるわけ？

良道 作る必要なんかないですよ、当然。

一照 あっそう。もうあるわけね、これは。

良道 ある。だけど、われわれはあまりにも長い間にわたって見聞覚知の主体が自分だと思い込んでいたから、もう一つの主体が見えなかったというだけのことです。

一照 だから、僕たちがゼロから改めて作る必要はないわけね。

良道 ないです。はじめからずーっとあったんだけど、シンキング・マインドに覆われて見えていなかった。忘れていたというか。

一照 見聞覚知の当処にもうすでに働いているわけだから。実のところ、僕たちはそれと離れたことがないし、離れるということはそもそもあり得ない。そのくらい、身近なものなんだけど、身近すぎて見えないから、ないもんだと思っちゃってる。眼が眼そのものを見ることはできないけど、物が見えてるというところに眼の存在が証明されているというようなものかな。眼でものが見えているのが当たり前だから普段は眼の存在なんて意識してないよね。

良道　われわれはシンキング・マインドが自分だとずっと思い込んでいた。実は、われわれの親もそう思い込んでいた。われわれの小学校の先生も、大学の教授も職場の上司もみんなそう思い込んでいたから、だから当然われわれとしては、それが自分だと思わざるを得ないわけですよ。だけれども、それが自分だと思ってる限り、あまりにも辛いことが多すぎて、で、辛いから瞑想して幸せになろうと思ったんだけど、瞑想もシンキング・マインド主体でやっちゃうから失敗続きでここでも行き詰まる、というのがどうしようもない現状だと思うんですけどね。

一照　僕らがずっと話してきている見聞覚知の主体は、要するにエゴとか我とかと言われているものなんだね？　普段われわれが「俺、俺」と言っているやつ。

良道　そうです。

一照　じゃあ、それとは別の主体はどういう名前で呼ばれているの？

良道　これはいくらでもあるじゃないですか、仏教の中では。でも正直言うとそういう仏教用語では言いたくないので、わたしはいま「青空」という言い方をしてます。仏教用語を使うと、何となくわかったような気にさせられてしまうからです。そうするとまたシンキング・マインドの罠に落ちてしまう。

一照　青空か。すると見聞覚知の主体はそこに浮かんでいる雲ということになるね。

良道　そう、シンキング・マインドは雲に当たります。それを浮かばせている青空が瞑想の主体だというのがわたしの言いたいことなんです。

一照　青空ね。息を見る主体は雲じゃなくて青空なんだ。良道さんは使いたくないって言ってるけど、あえて聞くんだけど、伝統的に仏教で、仏性と言ったり、本来の自己と言ったり、非思量、無分別智とかと言われているものだと理解してもいいの？

良道　そうですね。非思量というのは、シンキング・マインドの話ではないよということ。言語道断だよということじゃないですか。

一照　なるほど。シンキング・マインドの延長線上の話じゃないよ、というので非思量というわけか。教義のうえでも実践のうえでも、ここの区別をつけることが非常に大事だね。

坐禅でも同じことが言えると思う。見聞覚知の主体がやるのが「習禅」というやつで、道元禅師は坐禅は習禅じゃないというよね。それはやり方の違いというよりもやっている主体がまったく違うということ。坐禅をする主体そのものを転換しないといくら頑張ってやっても坐禅にはならないで習禅になっちゃう。それは坐り方がうまい・下手云々の問題じゃないわけだね。坐禅をするのは見聞覚知の主体じゃなくて、あなたが青空と言ってる、それとは別の主体がやってなきゃいけない。

良道さん、ビルマにいるときにこの問題に気がついたの？

良道　ビルマ滞在の最後のころはもうこの問題しか考えていませんでした。「思いの手放し」という言葉を手掛かりに修行を始め、「マインドフルネス」がその鍵になると思ってビルマにやってきたわたしにとっては、この二つのキーワードの謎がついに解明できたという喜びがありました。結局ヴィパッサナーというのは、もろに主体の入れ替えの問題なのです。ヴィパッサナーの最後の段階ではナーマもルーパもなくなった状態にまで入りますが、それでもその状態をはっきり認識しているものがあります。

一照　そこには見聞覚知の主体ではない何かがあるんですね。

ぐるっと回って道元禅師に戻ってくる

良道　はい、確かにあります。これは実践的にもその通りでした。「じゃ、そのとき見ているものは何なのか？」と言ったら、それが青空なんです。青空には自分を見る働きがあるんです。瞑想の主体は雲じゃなくて本当は青空のほうだったということです。なぜわたしがそんなふうに考えることができたかというと、やっぱり道元禅師からそこら辺のことは徹底的に教えられていたからだと思います。

一照　僕らが見聞覚知の主体と混同しちゃってる本当の主体のほうのことをどう表現するかと

いうのがポイントになるね。その混同をはっきり解明するような表現。

良道　はい、でもそれはもう本当に実践的にやっていくしかないと思います。言葉でわかろうとしても袋小路に迷い込むのが関の山ですよ。

一照　その青空っていうのは哲学で純粋意識と言われてるようなやつ？　たとえばヨーガなんかでもそういう区別がされているかもしれないね。

「プルシャ」と「プラクリティ」

良道　ヨーガの根本経典である『ヨーガ・スートラ』的には青空は「プルシャ」ですね。日常的意識＝雲のほうが「プラクリティ」と言われています。

一照　ヨーガでもそういう区別があるんだ、プラクリティとプルシャ。

良道　わたしの言う青空と雲の話はプルシャとプラクリティという区別だとすっきりするんじゃないかと、『ヨーガ・スートラ』の専門家の伊藤雅之[20]さんという方が言ってましたね、一法庵の接心に参加された時に。

一照　なるほど、そうなんだ。これまで僕らが話してきたことは、ヨーガではプルシャとプラ

＊20―伊藤雅之……（一九六四〜）愛知学院大学文学部准教授。ヨーガをはじめとするスピリチュアル文化の研究者。

クリティの問題に相当するということか。やっぱりヨーガの目標も、最終的にはプラクリティからプルシャへの切り替えになっている。だからこれは仏教だけの話じゃなくて、もっと広い文脈でもきわめて大事なポイントだろうと思うんですよ。

良道　大事も大事ですよ。これはいくら強調してもしすぎることはないです。

一照　だからしつこく質問するけど、要するにプルシャとか、息を見る主体ということについてもう少ししゃべってくれない？

良道　わたしは、「息を見る主体」ではなく、「息が見えている主体」と言っています。どうしても「見る」というと、こっちから出かけて行って能動的に見るということになってしまうんだけど、瞑想の場合は「見る」というより「見える」っていう受動的な特質を持っているからです。そこを区別するために「見る主体」じゃなくて「見えている主体」。

もちろん言語というのは必ず主語があって動詞があって、客体があるわけで。だから言語を使っている限り、どんな瞑想の先生でもやっぱり瞑想の説明をしたら見聞覚知の主体の話に見えちゃうわけですよね。

一照　そうそう、どうしてもそういうふうに聞こえちゃう。だからそうならないように、言葉遣いに細心の注意が必要になるね。禅なんかでは「舌を動かしたらもう間違い」なんて言うしね。言葉の危うさを言ってるんだと思う。

良道　だからどんな先生でも「呼吸を見ろ」というのは言葉にしたら〝Watch your breath.〟としか言いようがないんですよ。だけど、〝Watch your breath.〟と言われたら、当然〝I watch my breath.〟という理解になって、シンキング・マインドが見てしまうことになる。

一照　Iが主語になって仕事をしちゃう構造ができちゃうね、S(主語)+V(動詞)+O(客体)構造が。わたしが・息を・見るというふうに。英文法で言う他動詞を使う第三文型の話になってしまう。でもそれでは瞑想としてはまずいんだよね。坐禅もまさにそう。「わたしが・坐禅を・する」となると習禅、強為の話になってしまう。

良道　われわれはあくまでも〝I'm watching my breath.〟でやろうとしちゃうんです、当然。だけれども、お釈迦さまが言われているのはそうではなくて、まったく違うのです。だから「カーヤの中でカーヤを見なさいよ」ということ、つまり見聞覚知で見てはいけないよといきなり最初からはっきり言われている。お釈迦さまは「お前がカーヤを見ろ」なんて言ってないわけですよ。「カーヤを見るんだったら、カーヤの中でカーヤを見なさいよ」って。それがマインドフルネスが確立されたということなんだよ、ということなんですね。

だからいきなり言語というものの特質からはずれたことをやることになるわけだけれども、それを言語で表現するから、言語で絡め取られちゃう。専門の瞑想センターですらそういうことなっているんだと思う。

一照　僕の言い方だと坐禅では「俺が・背骨を・伸ばす」んじゃなくて、「背骨が伸びる」でなければならない。この「背骨が伸びる」ときの主体って普通の俺じゃなくて、文法的には背骨なんだけど、日常の意識にとっては体験的には「自然にそうなる」としか言いようがない。だから僕は英語の話のときはIじゃなくてItが伸ばすんだなんて言い方をしてるけどね。眼だって「半眼にする」んじゃなくて「半眼になる」じゃないと坐禅としてはまずい。それなのに「視線を四五度下に落とせ」なんて人為的コントロールをしろという指導をしていることが多い。これじゃあ坐禅を勧めているんじゃなくて坐禅をさせないようにしていると言ったほうがいいくらい。

良道　はい。俺が背骨を伸ばすわけで、こっちにいる自分が背中を伸ばす努力をして、向こうにある客体としての背骨を伸ばすことになるからね。

一照　そう、それだとどうしたって力んで伸ばしてることになる。でも結果はそれとは逆で背中が短くなるしかない。それにそんなやり方だといずれ疲れちゃって努力を止めた途端に背中がまたまがっちゃうことになる、前よりひどく（笑）。こういうやり方が強為だね。それと違うやり方は云為、つまり体の自然の働きで背骨は自ずと伸びるんだよ。自分がやってる感じがほとんどない。「ちからをもいれず、こころをもつひやさずして」って感じ。そういうことは可能なんです。そういう働きがわれわれの身心の自然として与えられているんだから、その助けを借りればいいだけ。

それと同じで、俺が頑張って息をじーっと見るんじゃなくて、別に無理な努力をしているわけじゃないけど「息が自然に見えている」という受動的なあり方で呼吸瞑想が行われるということだね。

良道 わたしにしてもときどき息を見てくださいとうっかり言っちゃうんだけれども、「息が見えている状態にとどまってください」という言い方をよくしますね、いまは。じゃないと、どうせ俺が見ることになるから。

一照 俺というものの実態は自力的な努力だよね。何か頑張って、力んで、「やってるぞー」という実感。人間的な力み、それが「俺」、Iの材料になっている。

良道 俺の実態は努力でもあり……。

一照 余計な緊張。

良道 それか、満たされなさですね。何かが満たされない感じ。知足の反対ですね。常に満たされてないわけじゃないですか、俺っていうのは。

一照 僕、最近半眼について言うときも、「がつがつ見ようとしてない眼です」というふうに言うのね。僕らは、眼を開けるともっと見ようとして力んでしまいますよね。眼が不必要に力んでない状態というのが半眼で、眼は開いてるんだけどそこには貪欲に見ようという気がない。だからただそこにあるものが眼に映っているだけという、そういう受け身の眼なんだと言います。でも、なかなかそんな眼になるのは難しいよね、僕らは。

良道　それをエゴに理解させるのは無理だって。

一照　そうか……。

見聞覚知が落ちたときに初めて微細なエネルギーに入っていける

良道　それは無理、無理。いま言ってるのは全部、エゴとか我と言われているものがなくなった後の世界のことを言ってるんですよ。問題は、ストラテジーとしては、緊張とか力みとかをどうやって手放していくのか、というふうに戦略を絞ったほうがいいですよ。

一照　そうそう。そこを聞きたい。下手にやるとエゴが、「よし、俺がその仕事引き受けた。任せとけ!」と一生懸命やっちゃうから(笑)。

良道　わたしも、ここではいきなり呼吸なんか見させないんですよ。あくまでも体の微細な感覚から入る。なぜかといえば、体の微細な感覚から入ることでエゴが落ちやすい条件がそこでできるから。

一照　どうして？　体の微細な感覚も、エゴが感じてやろうと努力するんじゃないの。

良道　だからそのときに、体の微細な感覚をどうやって見るかというところで、右の手のひらから見させるんだけど、右の手のひらを外から見るのではなくて、「右の手のひらの中に入ってくれ」っていう表現をする。「右の手のひらの中に入って、右の手のひらを内側から感じてくれ」ということね。そうすると、いきなりもうピリピリした感じがそこで起きてくるんですよ。

一照　そのピリピリを感じてるのは、この見聞覚知の主体ではないの？

良道　そうではないです。なぜかといったら、微細な感覚を感じていることと、見聞覚知が働くことは両立不可能だから。見聞覚知が働いている限り、それは対象をやっぱり外から見ようとする。そのやり方だとどうしても微細なエネルギーを見ることはできません。だから見聞覚知を手放して右の手のひらの中に流れている微細なエネルギーの海の中に飛び込むようにします。そして、それをさらに、右腕全体、左手、左腕全体、右脚、左脚、胴体、頭、そして体全体という順番で広げていきます。最終的には体全体が微細なエネルギーで満たされているのが感じられてきますから「体全体に満ちている微細なエネルギーの中にダイビングしよう」という言い方をするんです。

一照　その微細って表現、どうしてわざわざ言うの？

良道　見ようとしている感覚が粗雑ではないものだからです。なぜかといえば、わたしたちが見聞覚知を働かせているときでも、もちろん体の感覚はあるわけですよ。だけどそれは痛みだとか、あるいは性的な快感だとか、そういう非常に粗雑な感覚でしかない。微細なエネルギーが満ちている体は見聞覚知が落ちたときに初めて見ることができるんです。

だから、われわれがずっと考え事をしているときは、粗っぽい感覚しか感じられない。それが鎮まったときにのみ自分の中を流れている微細なエネルギーの領域、次元に入っていける。普通はそういう次元があることすら知らないわけです。なぜかというと、みんな見聞覚知を自分自身だと思い込むことで、体の中の非常に粗っぽい感覚の世界しか知らないから。そしてもうこの世界しかないのだから、その世界で何か快楽を探さないとやっていけなくなり、その結果訳がわからないことになる。だけれどもそうではなくて、シンキング・マインドを落としてみたら、自分の体の深いところに微細なエネルギーが流れている次元があった。思いが鎮まったときにだけそこに入っていける。

では、それを他の伝統では何も言ってないかというとそんなことはなくて、「気のエナジー」であったり、「プラーナ」であったりいろいろな言い方で言われています。

ヨーガの伝統の中では、まずアーサナやプラーナヤーマを通してシンキングを押さえて、プラーナの世界に入らせて、それから初めて瞑想に入っていきますよね。どんな瞑想の伝統でも、見聞覚知がガンガン働いている粗っぽい意識しかない状態のままで、瞑想させないんですよ。

だからいろいろな方法を取って、この微細なエネルギーの領域まで来させるんです。まずは見聞覚知を休息させる、そういう戦略を取ったほうが、わたしは話が早いと思います。

もう一つ大事な点は、微細なエネルギーの世界に入るというのは、これは同時に、慈悲の世界に入ることでもあるんです。わたしのところでは微細なエネルギーの世界に入ってから、慈悲の瞑想によってそれをさらに深めるというやり方を取っています。というのは、慈悲とエゴとまったく両極端、正反対のものだから。

こういう深まりの中でますますこのシンキング・マインドを超えたものが見えてきて、そのときの主体は気づきそのものだから、いよいよマインドフルネスということが主題になってくるんです。それで今のところは、マインドフルネスで呼吸を見ることをしています。

一照　微細な感覚、慈悲、呼吸のマインドフルネス、この三つがワンダルマ・メソッドのコアになっているわけだね。非常にうまく整理ができていると思いますよ。

ワンダルマと只管打坐

良道　われわれが安泰寺でやっていた只管打坐というのはもちろん、この慈悲と気づきの世界にダイレクトに行くという行法だったはずなんだけど、いままでの経験からすると必ずしもそうなってはいないという現実があると思います。理想と現実にずれがある。

一照　僕もやっぱり普通の日常的な身心のありようのままでは坐禅はできないと思っています。坐禅は坐禅の身心になってないと苦しいだけだよ、ということを昔の人たちも言っている。じゃあどうやって坐禅の身心になるかということなんだけど、誰もそれははっきりとは言ってないし、そういう問題意識を持っている人にもとんとお目にかからない。こうやって良道さんが話してるのを聞いて、ああ、やっぱりそうだったんだと意を強くしたね。

良道　誰でもいきなりそのままで只管打坐なんて言われてもまずできないでしょう。それはあまりにも難しい。結局どんな瞑想メソッドをやるにしても、日常の身心のありようのままでやろうとするから全部失敗してしまう。そこである具体的な瞑想メソッドを使いながら、シンキング・マインドを超えた世界に入っていく必要がある。そのシンキングを超えた世界に入ってしまえば、そこはマインドフルネスの世界だから、次のステップとしてマインドフルネスを徹底的に養うことになります。呼吸などをマインドフルネスの対象としてその訓練をしていきます。

そして最後にはマインドフルネスの対象は、もうこの気づいている意識そのものになる。ここまで来て、ようやく只管打坐になります。気づいている意識そのものに気づく。もう呼吸その他の瞑想対象は持たない。

『正法眼蔵　随聞記』でこういう一節がありますね。「それがし師の言葉を聞けども我が心に叶はず」。先生の言葉を聞いても全然自分の心にピンとこないのだけれど、どうしたらいいのかという質問ですね。それに対する道元禅師の答えが、「或る経に云く、仏法を学せんと思はば三世の心を相続することなかれと」。だから仏教というものを勉強しようと思ったならば、「三世の心」、つまり過去・現在・未来の心をそのまま相続してはいけない、それが続いたままではいけないんだよということですね。三世の心とは、われわれの言葉ではシンキング・マインド。それが過去から現在、そして未来へとずっと続いていく。そのシンキング・マインドが続いている世界の中には、仏法というのは存在していない。だからそういう世界の人にとっては、本当の仏法を知っている先生の言葉を聞いても、もちろん全然ピンとこない。なぜなら次元がまったく違うからです。

だけれども難しいところは、その人たちは自分がそういう世界の中に閉じ込められているということに気づいていないこと。なぜかというと、自分がある場所に閉じ込められていることに気づくのは、閉じ込められている場所とその外の世界の両方を知っているからです。外の世界を知らなかったら、自分が閉じ込められているということすらわからないわけですよ。

たとえばわれわれはいまこうして一法庵で対談していることをきちんと認識していますね。なぜその認識ができるかというと、それはもちろん一法庵の外を知ってるからです。だけどたとえば一法庵で生まれてその中でのみ育ったならば、一法庵の外の世界を知るよしもない。そのときに誰かから「お前は一法庵の中にいるよ」と言われても全然ピンとこないでしょう。それとまったく同じことです。このシンキング・マインドの世界で生まれて、ずっとその世界でのみ育ってきているから「お前はそういう世界にいるんだよ」と言われたってピンとこない。「すべてが主体と客体に分かれている」と言われても、それがあまりにも当たり前すぎるからピンとこない。

でもその主体と客体に分かれたシンキング・マインドの世界を生きて行くことはどうにも辛すぎる。そこでどうしようもなく苦しいから瞑想というものを始めたはずなのに、その瞑想すら主体と客体が分かれた世界でやってしまう。そしてそのことにピンとこない。悪夢はいつまでも続いていく。

一照　じゃあ、瞑想や坐禅の話をするときに、そういう三世の心以外のものを想定してないというのは、片手落ちってことになるよね。ずっと良道さんが指摘してきた、いま言った三世の心ではないものは、仏教の中でたとえば仏だとか、仏祖の法だとか、道元さんも坐禅というのは三界の法じゃないって、三界のカテゴリーというか枠組みの中でやるものじゃないというようなことをはっきり言ってるからね。それに対して坐禅は仏祖の法だと。あなたの言い方だと、雲じゃなくて青空でやらなくてはならないってことだね。だから言葉としてはちゃんと区別されているわけだけど、やはり見聞覚知の中でずっと暮らしてる僕たちには、それは単なるおとぎ話みたいで、どうもピンとこないんだね。実際にどうするのかってなるとさらに見当もつかないことになっている。

良道 単なるファンタジーですよね。

一照 観念というか言葉でしかなくて、実態がまだわからないから絵空事。絵に描いた餅。実際、じゃ三界の法じゃないものとして、その坐禅なり呼吸瞑想なりを実際に行じるにはどういう道筋があるのかというところがいままで明示的にというか、言葉によってはっきり言われてこなかったというところがあるよね。

良道 だから禅の語録なんかだと、シンキング・マインドの世界と坐禅の世界は断ち切られているということを非常に強調していますね。言語道断とか、心路窮絶(しんろきゅうぜつ)とか。あらゆる言語表現を使って「シンキング・マインドの延長上じゃないよ。そこはすっぱりと非連続なんだよ」ということを繰り返し、繰り返し言っている。そこまではいいんですよ。そしたら問題はその非連続をどうやって超えるのかになるではないですか。そこがもう致命的に弱かった。

いわば「一法庵」にわれわれは閉じ込められているというのはわかった。真理というのは一法庵の外にあるというのもわかった。では、どうやって一法庵の外へ出るのか？　その具体的な方法が問題なんですよ。

実はその具体的な方法は、お釈迦様が最初から明白に教えてくれているんですよ。だけど、そのお釈迦さまが最初から教えてくれている方法ですら、われわれは二元的な意識でとらえてしまったので、結局わからなかった。これまで何度も取り上げましたけれど、非連続を乗り越える方法は、もうすでにお釈迦さまの瞑想についての最初の教えである『サティパッターナ・スッタ』にちゃんと記されている。だけどわれわれはみごとに誤読してきた。なぜか？　シンキング・マインドで読むから。シンキング・マインドではないところで読めば、ああそうか、体の中で体の感覚を見ればいいんだな。そしたら自然な形でシンキング・マインドが脱落していく。その脱落したところにあるのを「サティ」と言ってるだけなんだと、明確にわかります。

見聞覚知の主体を手放すだけでいい

良道　われわれはいろいろな対象に対して好きだとか嫌いだとかを感じるのが普通ですが、そういう好き嫌いを一切捨てて、客観的に見るのがヴィパッサナーなんだよという教え方をされてきました。それは半分正しいんだけれども半分は間違いです。なぜかといったら、シンキング・マインドが好き嫌いの感情を離れるということはできないからです。

一照　シンキング・マインドのままではそれは無理。そのままではどうしても好き、嫌いという反応をせざるを得ないからね。ポイントはそのシンキング・マインドが脱落したところにある。そこでは別に無理することなく、平静にものが見えるし、それからありのままに見える。

平静に見ること、ありのままに見ること、それからパーフェクト・エクアニミティ（完全なる平静さ）で見ること、これまでヴィパッサナーで言われてきたそういうことのすべてが、この青空の世界では自ずから成り立つ。じゃあ、僕らが修行としてやるべきことというのは、「見聞覚知の主体を手放す」、これだけでいいんだね。あとは、それが退場したら自然にもう一つの主体が登場してくるというふうになっている。

良道　そう。それは両立不可能のものだから、Aが出ればBが引っ込み、Bが出ればAが引っ込むという関係にあるから、Aを引っ込ませさえすればBはその結果として出てくる。だからわれわれが主体的にやらなきゃいけないのは、自分たちのそういうシンキング・マインドをどう手放していくかということだけです。

思いの手放しは骨組みと筋肉でやる

一照　僕はずっと曹洞禅の中にいるから、坐禅を「正身端坐」として、正しい姿勢で坐るという方向で探究してきたんだけど、そうするといま、良道さんが言ってるのと似たようなところに到達したように思うんですけどね。良道さんが姿勢のことをどういうふうに教えているかは知らないけれども、たとえば姿勢を作るにも、呼吸を見るのと同じようなことが言えて、この見聞覚知の主体が体に一方的に命令を出してでっちあげるのではない姿勢のでき方というのがあると僕は思っている。正身端坐という姿勢はそういう俺が力んでやっているようなやり方ではできないような姿勢のことなんですよ。見聞覚知の主体はいつでもあっちこっちへ動こうとしている、それこそ意馬心猿なんだから、前後左右に体の軸がぶれないでじっと安らかに楽に坐り続けることなんかとうていできやしない。それなのに「やっていればそのうちにできるようになるから、もっと頑張れ」とか、「やれないのは努力が足りないからだ。もっと頑張れ」とか言って、無理やりやらせようとするけど、それはやっぱり無理だし、たとえできたとしてもそれは坐禅とは言えない別の何かになっちゃう。それを習禅と言うんだけど。

僕の場合でいうと、その見聞覚知の主体を手放すというのは、内山興正老師からずっと引き継いでいる教えだけど、「心でやるんじゃなくて体でやる。姿勢でやる。坐相で思いが手放されるんだ」というような言い方をされてるでしょ。思いの手放しというのは思いでやるんじゃなくて、骨組みと筋肉でやるんだということ。問題はそれをやるときにやっぱり見聞覚知が出しゃばって出てきてそいつがやってしまうやり方でやっている人が多いということなんだよね。

良道　だって、そういう世界をずっと生きてきたのだからね、われわれはいままで何十年間も。だから何をするにもこの癖が当然出てしまう。その強烈な癖が、ただ単に禅寺に入りました、ビルマの瞑想センターへ行きました、ぐらいのことで断ち切られるようなものではないんですよ。だからずっと学生としてサラリーマンとして東京や大阪でやってきたことを、山の中の禅寺に入ってからもやるし、ビルマの森の中の瞑想センターでも当然やり続けます。

「仏道は身をもって得るなり」と道元禅師は言われるけれど、その身とは単なる物質的な体のことではなくて、わたしが言う青空、つまりシンキング・マインドを超えた何かのことだと思います。それはわかるんですけども、曹洞宗の歴史を見ると身を重視するあまり、心＝シンキング・マインドのことがあまりにも軽視されてきたのではないのかな。

一照 そう、軽視というか、あまりにも早く片付けすぎた、きちんと決着がつく前に簡単に切り捨ててしまったということかな。だから、追究が中途半端なままになってしまった。もうそのことは解決済みであるかのように話が進んでいるんだけど、実際は心が引き起こすいろいろな問題はやっぱり未解決のままそこに残されているわけだね。

良道 その通りなんですよ。わたしが曹洞宗の人に申し上げたいのは、われわれの本当の主体はシンキング・マインドではない「身」なんだということは、それはもちろんその通りです。とはいえ、われわれはなんといってもこのシンキング・マインドを主体と思い込んでずーっと生きてきたこと、その重みは無視できないのでは？ それをもうちょっと確実な方法で手放す必要があるのでは、ということなんです。シンキング・マインドをまず確実に手放さない限り、只管打坐は成り立ちません。でも、それを手放すということがほとんどの人にとってはできていないので、只管打坐がピンとこないんだと思います。

一照　得るところなく悟ることとなし（無所得無所悟）で坐れなんて言われてもね（笑）。そんなことはシンキング・マインドには理解できないし、やりたがらないよね。

良道　瞑想の中でシンキング・マインドを手放して、雲のエゴと青空の自己との区別をきちんと見極めることがまず第一の課題。でもそれではまだ十分ではなく、今度はその区別をきちんと心得たうえで、シンキング・マインドをうまく使って日常生活を建設的に生きるという課題が出てきます。これがもう一つの大事な問題としてわたしが考えていることです。シンキング・マインドを手放したままでは普段の生活を生きていけないわけですから。そのときまったく新しいシンキング・マインドの使い方というのが出てこなければいけないはずです。

一照　そこまで徹底してきちんと見聞覚知の面倒を見なきゃいけないのではないか、ということだね。まず最初にやらなきゃいけないのは見聞覚知＝わたしを手放すということ。だけどまだその後があって、手放した見聞覚知を青空のところからもう一回生かしていくということが必要になる。

良道　手放したときには見聞覚知と身の世界、つまり青空の世界がまったく違うんだっていうことがわかる。非連続なんだ、言語道断なんだということがわかる。でもこれがもう一つ展開して、実は見聞覚知という雲も、やっぱり青空から生まれているという洞察が生まれてきます。そうなったときに、単なる雲ではなく、「青空としての雲」というものが出現してきます。それをいかに大事にしていくか。

いままでは雲を雲としてしか見ていなかった。そして「雲＝自分」だと見てたからとんでもないことになってしまった。この時は「青空なしの雲」だけだったから。だけれども、いま完全に雲がなくなった青空をはっきり見た後で、もう一回雲自体が青空から生まれているということが見えてきます。そのとき雲は「青空としての雲」になっている。

このときでもまだこの雲は、過去に青空が見えていなかったときに身につけたいろいろな癖で汚れているわけですよね。前に言ったようなノット（knot 結び目）が結ばれちゃっているわけですね。仏教で言う煩悩。

だからもう一回この雲の手当てというか浄化、それをしなきゃいけない。この雲の浄化というのが、やっぱり禅宗の修行にはなかったような気がするんです。だけど、その雲の浄化の仕方については、お釈迦さまの教えの中に実に豊かなものが残されています。その典型的なものが前章で話した「慈悲の瞑想」です。でも慈悲の瞑想も、雲の自分がやろうとする限り不可能です。

一照　それはそうですよね。汚れた雲で汚れた雲を浄化することはできないですからね。とするとそれとは別のやり方でなければ慈悲の瞑想にならない。

良道　慈悲の本質は青空からの視線なんです。青空から自分や他者という雲を見たときに初めて、自然な慈悲が生まれてきます。そのときに長い間、自分や他者に対して持っていた感情的な汚れが浄化されていく。こういう心の浄化ということがわれわれにはとても大事なんです。

一照　曹洞宗では只管打坐とか、威儀即仏法といったスローガンのもとに、「心じゃなくて体なんだ」とか「精神じゃなくて形なんだ」という言い方で、感情的な汚れとか、それを浄化するとかそういった、いわゆる心の問題はまともに取り上げられない傾向がある。「仏教は心理療法じゃない」とか、そんなことは個人的で、私的なことにすぎず、神聖な修行に持ち込んではいかん、とか言ってね。でも、そういうことを言う人をはたから見ていると、人間としていろいろ問題があるのが見え見えだったりして……。長年の修行の結果、ゆがんだ人格ができ上がってたりするケースもある。アメリカでもヴィパッサナーや坐禅を長くやってても、セラピーのお世話になる人が結構いるから。

良道　そういうことになったのは、もしかしたら心の問題を扱うノウハウを持っていないから、あたかも問題がないかのようなふりをするしかなかったのでは。でも、そのせいで修行と実際の生活が、建前と本音という形で、すっぱり切り離されてしまった。修行で取り扱わない自分の感情は、酒やその他の気晴らしで発散させるとか……。

一照　それはどう言い訳しようが、ごまかしだし、不健康。僕が、アメリカでパーフェクト・エクアニミティということが論じられている場面で感じたんだけど、もしかしたらその平静さが冷たい無関心、英語でディスインタレスト（disinterest）って言うんだけど、それとすり替えられているんじゃないか。つまり、感情の波立ちに鈍感になるとか、それをないかのように思い込むこととみたいに思われている。

良道 そんなのはパーフェクト・エクアニミティではないです。青空という場所に立つからこそ、パーフェクト・エクアニミティが成り立つんであって、そこ以外ですべてをありのままにアクセプト（受容）することなんてできないからです。

一照 感情の問題を修行から切り離すことで、かえって日常生活の中でその問題で躓いてしまうということがけっこう起きている気がします。たとえば家族関係とかで。

禅宗の場合は、青空という視点はあるけど、雲の汚れ、つまり感情の問題をそもそも修行の中に組み込まなかった。テーラワーダの場合は感情の問題はちゃんと取り上げているけど、なかなか浄化が難しい。良道さんは、それは青空からの視点というものがないからではないかと言うんだね。

それぞれに問題点があるということがよく見えてきた気がします。青空、雲、テーラワーダ、大乗、そういう視点でこれまでなりゆきのままにしてきた話をそろそろまとめようか。

第六章　「仏教3.0」へ向けて

「仏教1.0」は心の悩みに答えてくれない

一照　前章では、僕らの言い方だと「仏教1.0」「仏教2.0」のそれぞれの特徴と限界について、主に雲と青空の喩えを使いながら話し合ったよね。さらにそれをどう乗り越えていくかということも論じたんだけど、その時のわれわれの立ち位置は「仏教1.0」でもなく「仏教2.0」でもないところだった。だから、この際、それを「仏教3.0」と呼ぼうということも言った。

こうすると、僕らの前には「仏教1.0」「仏教2.0」「仏教3.0」という三つのバージョンの異なる仏教が見えていることになる。これを手掛かりにして、いままでやってきた話をもう一回整理し直してみようか。これで、なんとなくもやもやしていた眺めがすっきりとしたものになるんじゃないかという気がするんだけど。

良道　そうですね、それはちょうど、山登りのようなもので、われわれはまあ三十年間とぼとぼと山道を登ってきたわけですよ。登っている最中は自分がどんな位置にいるのかよくわからなかったけど、そのときどきで、ある必然性に導かれて歩いてきたと思うんです。ようやくいまになって、周りの風景全体を見渡せるような地点にまで到達した。それは、自分たちが歩いてきた道を俯瞰的に見渡せるような場所です。その場所からいま一照さんが言った「仏教1.0」「仏教2.0」「仏教3.0」を再吟味する作業をしてみましょう。

この山道はわれわれが個人的に登ってきて、その道沿いの風景というのもきわめてパーソナルなものだったけれど、いま俯瞰的に見渡している風景はすでに個人的でも、パーソナルでもない。何か普遍的なものではないのかな？　だからいまわれわれが立っている場所からの眺めを共有できたら、たぶん本当に多くの人のお役に立てると思います。地球上のどこでも、もうまったく同じ課題に直面して、同じ壁を乗り越えようとしているから。

一照　僕らが自分自身の問題意識を持って仏教を学ぼうとしたとき、もう日本ではここしかそれができる場所はないんじゃないかという形で行き着いたのが、安泰寺だったわけだね。その当時はよくわからなかったけれど、いまから振り返るとあそこは、やっぱり日本仏教の文脈の中ではとても例外的な場所だった。その安泰寺の周りに広がっていた日本の仏教は、一言で言うなら「形骸化した仏教」となるんじゃないか。形骸化というのは、仏教が自分の病気を癒す力を持っている優れた医学であることを本当は信じていない、だからその医学を実際に実行することはしないままに、表面的な形で仏教の言葉や儀式や習慣が社会の中で流通している。こういう仏教のあり方を僕らは「仏教1.0」というくくりで呼ぶことにしたんだよね。

良道　はい、「医療行為が行われていない不思議な病院」という喩えを使いました。それはあまりにも大きな損失を日本社会に与えています。なぜなら「病人」がこれだけ多くて、「治療」を必要としている。それなのに大きな敷地と建物を持った「病院」が、病人たちに治療を与えていないというのは、あまりにももったいなさすぎませんか？

どうしてこうなってしまったのだろう。そこでもう一歩踏み込んで、なぜそのような形骸化が起こったのかを考えてみると、そもそも日本社会の最大のタブーというのは、自分の心について話すことなのではと、ときどき感じることがあります。つまり自分の心の中に起こっていることが本気で問題にされなかったということが、その形骸化の原因だったのではないかな。ある調査によると、日本は世界で二番目の無宗教の国になっています。つまり、宗教的な考え方や感性を社会全体が大事にしていない国だということです。そういう状況だと、仏教というのはもともとすべてを自己の問題としてとらえる宗教ですから、いくら日本が仏教国だと言われても、本当のところは仏教が人々の心にピンとくるものとしては受け入れられていないんですよ。何か遠い国のおとぎ話か、耳に心地よい心温まるお話で終わってしまう。

自分の心を大事にしない。自分の心をそもそも見ない。それが一番極端に現れたのが「無我行」に対する誤解でしょう。仏教における「無我」の正しい意味に基づかないで、「お前の心などどうでもいい。エゴに過ぎないから。それを捨て去れ！」。これが無我行とされました。心を捨て、心に蓋をして、心を持たないロボットになることが、正しい生き方として賞賛されるようになります。そのロボットはなんでもできます。なぜなら自分の心で判断することをやめたから。善悪の判断すら。そのロボットに向かって「満員の地下鉄の中で毒ガスを撒け」と命令すると、すぐに撒けてしまう。「それはとんでもないことだ」という心の声を捨てる、押し殺すことこそが「正しい」ことになってしまっているから。

一照　オウム真理教の事件だね。あれは僕ら仏教修行者にとっては衝撃的というか本当に大きな意味を持つ事件だった。自分のやっている仏教は本当に正しいのかという反省を強烈に迫られたからね。仏教をまじめにやったらああなってしまうのか、ああいう事件がなぜいまの日本で起きたのかって。

良道　あれは日本仏教の「仏教1.0」的な、自分の心を正直に問題にしないあり方から当然生まれてくる鬼子(おにご)的なものだったとわたしは思っています。あそこまで極端ではないにしろ、間違った無我行による弊害は至るところに見られたから、あの事件の第一報を聞いたとき、とうとう来たかと思いました。恐れていたものが、最悪な形で現れてしまったと。実行犯たちがサリンの袋を傘のさきでつついたとき、彼らの心で何が起こっていたか、もうわかりすぎるほどわかりました。彼らは自分のエゴを捨てるために、すべての思いを込めて、サリンの袋を傘でつついたのですよ。その結果としての大量無差別殺人。あまりにもグロテスクでした。人は正しいことをするつもりで、ここまで間違ったことをしてしまうものなのか。いや、正しいと思っているからこそ、もうブレーキが利かなくなってしまうのですね。

わたしはショックのあまりこの先いったいどうやって仏教者として生きて行けばいいのかが、

本当にわからなくなりました。もういままでの延長はできない。オウムの人たちはある意味「本気」でした。「本気」で間違ったことをやってしまった。そうであるなら、自分は「本気で正しいこと」をやってやろうと思ったのですよ。もう誰かに遠慮して、それこそ「心の声を押し殺すこと」はやめようと思いました。でもその肝心の「正しい仏教」というのがわからない。ならばまずはそれを探究しなければ。どこか山の奥に引っ込んで、雑音が入らないところで、純粋にそれを追究したかったのです。縁あって高知県の山の中に大きな農家の空き家を見つけ、数人の修行仲間とともに坐禅道場を設立しました。「日本最後の清流」と呼ばれる四万十川（しまんとがわ）の源流の村だったので道元禅師の『正法眼蔵　渓声山色（けいせいさんしょく）』から取らせていただき「渓声禅堂（けいせいぜんどう）」と名付けました。その設立趣旨は「菩提樹の下に坐っていられるお釈迦様に還る」というものでした。そこからわたしの新しい仏教者としての人生が再スタートしました。

一照　よくわかります。良道さんにとって、オウム事件というのが、「仏教1.0」から一歩を踏み出す一番のきっかけになった。渓声禅堂の設立趣旨をいま改めて聞くと、その後良道さんがテーラワーダ仏教のほうへ進み、ミャンマーに行って比丘にまでなったのは、やはり必然性があったんですね。

良道　わたしにとって、渓声禅堂での六年というのは、「仏教1.0」の徹底的反省とその本質の理解、そこからどう一歩を進めるかの模索でした。それが必然的にわたしを「仏教2.0」へ向かわせたのですね。でも、オウムに入っていった人たちにしても真剣に何かを求めていたわけで、かれらに本当の正しい仏教を提供できなかったことを、われわれ日本の仏教者は本気で猛省しなければいけなかったのでは。一照さん、そのあたりどう思います？

一照　多くの日本人はいろいろな悩みを抱えて毎日生きている。それなのに、「仏教1.0」はそういう心の悩みをきちんと汲み上げて、それに応えてくれない。怒りや不安といった自分の感情の悩みや人間関係の苦しみ、生きることの無意味さ、とかに対してピンとくるようなメッセージが全然伝わってこない。オウム真理教に流れて行ったわれわれと近い世代の人たちはそれに大きな失望と不満を抱えていたんですよ。僕にもそれはよくわかる。共感できます。

良道　でも、オウムに行った人たちも「仏教1.0」に不満や失望を感じていたということはわたしもよくわかるんだけど、皮肉なことにあの事件は「仏教1.0」の最悪の落とし穴にはまったというのが真相だったんじゃないかと思うんです。だって、グル（指導者）の言うことを無批判に実行することが心の問題の解決とすり替えられているとすれば、それは自分の中の心の問題からの逃走でしかない。自心からの逃走、逃避というのが「仏教1.0」の本質ですから、オウム真理教はその最も過激なケースであり、日本の仏教の形骸化した姿はその逃避が慢性化したものと言えるのではないですか。

一照　良道さんの言うことが当たっているとすれば、オウム事件は突発的に起きた例外的なものではなくて、日本仏教全体の問題が最も不幸な形で顕在化したものだということになるね。

良道　まさにそう思いました。ですからわたしは日本の仏教からいったん距離を置きたかったのです。仏教の源流であるお釈迦さまその人に還ることを目的として、渓声禅堂を開いたのです。そのころはまだテーラワーダとの直接の繋がりはなかったので、一人でパーリ経典を読むことから始めたのですが、ちょうどそのころぐらいから、スリランカやミャンマーからいらしたテーラワーダ仏教の長老が日本でも活動し始めたのですね。「これこそがブッダの真の教えである。だからそれを学び実践しなさい」というストレートなメッセージを発信していました。わたしがその長老たちと出会うのはもう時間の問題でした。

オウムで焼け野原になった日本にテーラワーダ仏教が支持された

一照　オウム事件で、日本の宗教界がいったん焼け野原のようになった後でも、やはり仏教の中に悩み苦しみの解決を求める人たちがたくさんいて、それに応える形でテーラワーダの長老たちが登場してきて、またたくまに多くの人たちに支持されるようになったんですね。

良道　はい、わたしはこのオウムの事件後に、日本にテーラワーダ仏教が広まり始めたというのは、非常に象徴的な出来事だと思います。

一照　かれらの書く本は、まずなんといってもわかりやすい、自分たちの問題に直接語りかけてくれる、何をどうすればよいのか非常に具体的に教えてくれる、なにより書いている本人がそのことを信じているように見える、そんな特徴があるよね。これはほとんどの日本の仏教書になかったことだった。みんなが求めているのはそういう仏教だった。

良道 だからこれまでの仏教書ではあり得ないくらいの部数が売れたんですよ。そういう流れが「仏教2.0」なんです。それほどの支持を受けたというのは、「仏教2.0」が心の問題からの逃走ではなく、心の問題を正面から取り上げて、それを仏教によって解決するというスタンスを明確に取っていたからです。

一照 悩み苦しみを抱えて困っている人たちには「仏教2.0」がものすごく魅力的に思えたんですね。そういうものをずっと求めていたんだから。それはアメリカの人たちが「仏教1.0」的なあり方をしているキリスト教やユダヤ教に失望していたところに、東洋からやってきた仏教がすごく新鮮なものに見えて魅力を感じたのと同じような事情なのかもしれない。アメリカでは仏教は最初から「仏教2.0」として受け入れられた。

ところが、仏教といえば「仏教1.0」のバージョンしか知らない人がそれを見ると「なんで仏教国でもないのに現代のアメリカ人はあんなに仏教を高く評価するのか。なぜあれほど熱心に修行するのか」といぶかしく思ってしまうんですよ。なぜそうなのかが理解できない。

良道 そりゃそうでしょうね。社会習慣とか周りのなりゆきで仕方なくやっている「仏教

1.0」の人には自分の人生の問題を解決をしようと本気で取り組んでいる「仏教2.0」の人の気持ちはわからないでしょう。

一照　伝統的な「仏教1.0」と並んで新しいバージョンの「仏教2.0」が地歩を固めつつあるというのがいまの日本の現状と言えるかな？

良道　そうみたいですね。でも、わたしにはそれが同時に深刻な問題を引き起こしているようにも見えるんです。

一照　それはたとえば「仏教2.0」が「仏教1.0」を批判しているとか、「仏教1.0」の専門家が「仏教2.0」に鞍替えしているとか、そういうことですか？　二つのバージョンの違う仏教を目にして人々が混乱しているとか？

良道　そういうことも確かに起きているようですが、それよりももっと深刻なのは、若い人たちが「仏教1.0」のことをまったく知らないままで「仏教2.0」を学ぼうとしているということです。

一照　でも形骸化した「仏教1.0」なんて知らなくても「仏教2.0」は十分学べるんじゃないですか？　それに「仏教2.0」を教えている人たちも、「仏教1.0」のことなんかまったく知らない人たちのほうを歓迎するんじゃないのかな。だって先入観で染まっていないということだから。

良道　それは違うと思います。現象としては確かに形骸化した「仏教1.0」になってしまっていますが、その淵源になっているのは大乗仏教なんです。それが日本文化の背骨の一つになっていることは歴史を見れば一目瞭然です。それは実に素晴らしいものを持っていて、われわれ日本人の血の中に脈々と流れている。ですからわれわれがすべきことは大乗仏教を頭から否定したり、無視することではなく、それを形骸化から救い出して、もう一度新しい生命を吹き込むことなんですよ。

一照　日本人として自分の中に流れているもの、つまり形骸化する以前の大乗仏教を学ぶことなく捨ててしまうのはあまりにももったいない。それではかれらが根無し草になってしまうということなんだね。

良道　はい、でもそれだけではなく、わたしの見るところでは、大乗仏教には「仏教2.0」の限界を乗り越えるための鍵があるんです。形骸化ということは確かに徹底的に批判しなくてはならないですが、それと一緒に大乗仏教の精髄まで捨ててしまうというのは正しくないと思っています。

一照　良道さんはビルマで、僕はアメリカで「仏教2.0」の世界の中でもまれているうちに、その限界のようなものを感じるようになった、ということはもう話したよね。よくよく見ていると「仏教2.0」が約束しているはずの、成果が思ったようには得られていないという現実があった。呼吸瞑想にしても、呼吸を見るといっても、本当は見られていなかったり、熱心にやっているように見える坐禅の内実が気づかないうちに別なものになってしまっているとか……。

誰が瞑想しているのか

良道　「仏教1.0」は方法とかメソッドということはほとんど言わないし、メソッド的なことはやらない。何かそういうことはレベルが低いことであるかのように見下している。そこでは問題はみんな解決済みであるかのようなスローガンが声高に掲げられる。だから実際にある現実の問題が手つかずのままでほったらかしになっている。

「仏教2.0」はそれとは大違いで、方法の有効さが過剰なくらい強調される。こうすればこうなるということが明確に記述されている。だから「仏教1.0」では何が何やらわからない、煙に巻かれていたと感じていた人たちが一斉に引きつけられたのは、まあ無理もないことでした。ところが、そういう人たちが言われた通りにその方法を実行してみたんだけど、どういうわけかそこに書かれているような結果がうまく出てこないという現実が見えてきた。

わたしの瞑想会にはそういう人たちがたくさん集まって来ています。わたしはかれらといろいろ話を詰めていく中で「仏教2.0」の問題や本質的な限界が見えてきました。

一照　それは良道さんがビルマでの滞在の終わりごろに洞察したという「心というお猿さんの

首根っこを押さえて無理やりに呼吸を見させる」というやり方の無意味さに繫がるもの？

良道　はい、まさにそこなんです。ビルマで自分が個人的に経験し、乗り越えた問題と同質の問題がかれらによって語られていたんです。日本の瞑想実践者との徹底的な討議の中でだんだん、これはわたし一人の問題ではなくて、もっと大きな「仏教2.0」そのものの本質的な限界だという考えが明確になってきました。かれらからいただくメールなど、もうこの問題を考えるうえで最上級の資料でしたよ。実に面白かった。

一照　それについてはもうすでに二人の間でいろいろ話してきたことなんだけど、その限界を一言で言うとどうなる？

良道　それは結局のところ「何が瞑想しているのか」という問題なんですよ。

一照　「仏教2.0」ではシンキング・マインド、僕の言い方だと見聞覚知の主体が瞑想や坐禅をするというふうになっているんだけど、それはお猿や暴れ馬みたいなもので、本性的に瞑想や坐禅をする主体としては不適当だという話はしてきたよね。シンキング・マインドが、じっと呼吸などの瞑想対象を見つめ続けたり、正しい坐相でじっと坐り続けるのは本来不可能なのに、それを無理やりやらせようとするところにあらゆる種類の問題が生じてくる。

良道　そうです。だから瞑想で一番大事なことは、シンキング・マインドをまず手放すことなんです。お猿さんが消えないことには瞑想は始まらないんです。

一照　じゃあ、また雲と青空の喩えを使うと、雲ではなく青空が、呼吸を見たり、坐禅をするということになる。

良道　そのときに初めて、ものごとをありのままに観察するとか、パーフェクト・エクアニミティ、浄化、慈悲など、ヴィパッサナーが約束しているすべてのことが自ずと成立します。

一照　「仏教2.0」と「仏教3.0」は、雲がやるのか、それとも雲が脱落して青空がやるのか、まさにその一点の違いで区別されるんだね。僕が坐禅について言うときに対比的に使う、習禅と坐禅、強為と云為、テクネー（テクノロジーの語源のギリシア語　人間がさまざまな挑発や狡知（こうち）を駆使して自然に内在するものを外側に引っ張り出そうとする営み）とポイエーシス（ポエムの語源　植物の種が発芽してやがて自然に花が咲くように、自然が自分の中に隠している豊かなものを、自発的に外に持ち出してくる働き）もみんな雲と青空の問題だったわけだ。

良道　この大問題は昔から禅では「長空は白雲の飛ぶを礙（さまたげ）ず」というきわめて簡潔な言葉で言い当てられていました。前章で話に出た六祖慧能に師事した石頭希遷（せきとうきせん）さんの言葉ですね。長空というのはもちろん青空ですよ。青空は自分の中で雲が飛ぶのを邪魔にしないという意味です。

一照　じゃあもう一歩踏み込むけれど「仏教2.0」ではなぜ青空が問題にされなかったのか？

良道　「仏教2.0」ではそもそも「誰が瞑想をするのか」という問い自体が行われることがないんです。どの瞑想の先生もそのことについては一言も言及されていません。

一照 それは言う必要もないくらい当たり前だからか。瞑想の主体としてははじめから雲しか想定されていないんだから。雲がやるしかないと誰もが思っている。では、そもそも「仏教2.0」では青空なんてないのかな。

良道 いや、それはとんでもない誤解です。「仏教2.0」でも青空は存在するとされています。それどころか、その青空が一番大事なものとされています。混乱しそうだから整理しますね。「仏教2.0」の仏教哲学によれば、青空は条件によって作られていないもの、つまり無為法に分類されています。テーラワーダの教学ではこの世界は四つの構成要素でできています。その四つとは心、心所、色、涅槃ですね。もう一つまとめると、心と心所を合わせて名（ナーマ）と言い、精神的要素のことで、それに対して色は物質的要素のことです。するとこの世界は名と色、涅槃の三つでできていることになります。つまり精神的な要素、物質的な要素そして涅槃ですね。最初の二つ、名と色は条件によって作られたもの、つまり有為法である。涅槃は条件によって作られていないから無為法。こういう分類になっています。

この分類法では有為法と無為法はまったく別のカテゴリー、そこにはなんの繋がりもありません。一方は条件によって作られ、一方は条件によって作られていないから、この二つはまったく別のものなのだという理解ですね。もうおわかりのように、有為法が雲、無為法が青空です。先ほど、テーラワーダでも青空が最も重要なものとされると言ったけれど、青空とは涅槃のことだから、言うまでもなく涅槃は一番大事なものとされています。パーリ語でニッバーナ、サンスクリット語でニルヴァーナです。

さて、ここでとんでもなく重要な問題が出てきます。テーラワーダではわれわれはどこまでいっても有為法です。ですから無為法である涅槃はわれわれにとっては常に外部にあることになります。だから瞑想の主体として雲しか考えられないのは至極当たり前なんです。

ところが大乗仏教はまったく違った考え方に立っています。

一照　そうですよね。大乗仏教には「生死即涅槃（しょうじそくねはん）」なんてことを言いますからね。生死というのは有為法の世界のことで、それが即、涅槃だなんていうセリフはテーラワーダにとってはとんでもない話になってしまう。そもそもの定義を犯しているからね。だから、ここには架橋しようのない断絶があるとしか言いようがない。でも良道さんは、生死と涅槃は別物という立場じゃなくて、生死即涅槃のほうを取るんでしょ？　「仏教2.0」の本場で修行したあなたが「仏教3.0」的な立場を取るというのはたいへん面白いけど、どうしてそういうことになったのかな？

良道　ビルマで修行していた瞑想メソッドではその最後の段階で雲が何一つない青空を認識することが体験としてできるのです。でもこれは論理的に考えるとおかしなことになりませんか？　雲がないのに認識がちゃんと起きているからです。これは何を意味しているのか？　その認識しているのは雲ではない。なぜなら雲はもうないから。じゃあどういうことなのか？　わたしはこれを「わたし自身が青空だったからだ」と理解しました。そのとき、かつては言葉でしか理解していなかった大乗仏教の教えが、初めて自分の体験としてリアルに理解できたんですよ。

無為法が「有為法としてのわたし」の外部に存在しているのではなく、わたしにおいて有為法と無為法が一つになっているということがはっきりわかったんです。有為法即無為法、無為法則有為法です。般若心経の言葉で言えばこれはまさに「色即是空　空即是色」です。

一照　これはすごいことを言ったね。なぜ大乗仏教が興起しなければいけなかったのかを教えてもらった気がしますよ。瞑想実践の深まりの中で、無為法と有為法が二つ別々のままではどうにもならなくなったその袋小路を打破して、大胆に有為法と無為法が即の関係で繋がっているという立場が出てきたわけですね。そう考えると法華経とか中国の禅や道元さんが強調していることの意味がもっと明確になります。「諸法実相(しょほうじっそう)」「平常心是道(へいじょうしんこれどう)」とか「現成公案(げんじょうこうあん)」という言葉もみんなそこから理解できる。そういうのはみんな「仏教2.0」を乗り越えるための鍵なんだね。

良道　「仏教2.0」でどうしてみんな行き詰まっているかというと、「有為法」にすぎない自分が一生懸命に瞑想して、それとは別世界の無為法に行こうとしたからなんです。そもそも瞑想は、もちろん坐禅もそうですが、「無為法である自分」に目覚めるところからしか始まらないんです。はじめから青空でないとできないこと。

一照　ところがたいていは、無為法に到達するために瞑想するもんだとみんな思っている。つまり、無為法は瞑想や坐禅の目的だとみんなが思っている。青空になるために瞑想するということね。でも実は無為法、つまり青空が瞑想や坐禅がそもそも成り立つ前提条件でありその出発点だということですね。これも「仏教2.0」と「仏教3.0」の大きな相違として押さえておく必要がある。

良道　実は「仏教1.0」でも「無為法としての自分」のことは「本来成仏」とか「煩悩即菩提」「即身成仏」とかあらゆる言葉で語っているんですよ。「仏教1.0」もその源は大乗仏教なんだから。でも、いろいろな事情で、無為法として自分に目覚めるということが具体的にどういうことなのかという道理があいまいになり、それをめぐる実践的プロセスも失われてしまったのでしょう。だから、掛け声だけになってしまって、内実がどんどん空疎になってしまって形骸だけが残った。これが「仏教1.0」だったのではないかな。

一照　なるほど、「仏教3.0」も下手をすると簡単に「仏教1.0」に堕落する可能性があるということか。「仏教3.0」はなにせ非常に微妙だから、うっかりしているとすぐにあいまいさの霧の中で見間違えられてしまう。内山興正老師は大乗仏教は立体的な構造をしているから二次元的な単純な頭にはおさまらないというようなことを言ってた。ブッダも自分の見出した法は「世の流れに逆らうものだ」と言ったしね。仏法はシンキング・マインドでは受け取れないということだろうね。

良道さんは、無為法としての自分にまず目覚める、それから瞑想なんだと言うんだけど、どうやって無為法としての自分、つまり青空として自分に目覚めるように指導しているの？ それには才能とか長い時間とかが必要なの？

良道 有為法とは作られたもののことだと、先ほど確認しましたよね。ではいったい何が作っているかというと、それがシンキング・マインドなんですよ。だからシンキング・マインドさえ手放すことができればそれで即無為法の世界に入れるんです。そんなに大げさな大事業ではないんです。わたしのメソッドでは体の微細な感覚を見ることで、シンキング・マインドが落ちて、青空の自分を体認できるんです。だからやれば誰にでもできることで、特別な才能や長い時間などはいりません。

そしてこれこそが、われわれの師匠である内山老師が生涯言われ続けた「思いの手放し」の究極の意味ですよ。

一照 それは、拍子抜けするみたいな返答だね（笑）。そんなに簡単な話なんだ。そういえば僕らが大きな影響を受けたベトナム人禅僧ティク・ナット・ハン師はマインドフルネスそのものがもうブッダなんだとか、吸う息に気づいたらもうそれで究極のところに到着しているとか言っているけど、それは今、良道さんが言ったことにまさにリンクしてくるよね。いつだったか忘れたけど、良道さんはティク・ナット・ハンさんみたいなことはテーラワーダでは絶対に言えないって言ってたけどこれで腑に落ちたよ。

良道　マインドフルネスがブッダだというのは、マインドフルネスはシンキング・マインドが何かに気づいていることではなくて、それが脱落したところの話だから、そこは当然ブッダの領域ですよね。つまり無為法の世界。だからマインドフルになったときがブッダだというのは当然な話ですよ。「呼吸に気がついている」=「マインドフルネスである」=「涅槃」ということも当然言えるわけです。でもテーラワーダではマインドフルであることは修行の条件の一つでしかないので、とてもそんな大胆なセリフは吐けない（笑）。

で、ブッダにいつなるのかといったならば、いまでしょう（笑）。まさにシンキング・マインドが脱落した、そのとき。だからブッダという言葉の意味がまったくテーラワーダとは違うんです。

一照　でも、僕らがこれまで話してきたような雲と青空、テーラワーダと大乗というような文脈でティク・ナット・ハンさんのそういう言葉を受け取っている人はたぶん非常に少ないと思いますけどね。僕は英語でこういう議論をしたことはないし、そういう議論も聞いたことがない。良道さんによれば、ティク・ナット・ハンさんの「カーヤ・イン・カーヤ」の指摘が一つの契機になってこういうことに思い至ったというようなことでしたよね。僕もかれの日本でのレクチャーを通訳していたときに、やっぱり〝body in body〟という言い方は必ずされてたから、こういうことを踏まえて言われているんだろうと思うんですけどね。パーリ語の原文にはちゃんと書いてるから、そのまま訳してるのかもしれないけど。

「体の中で体を見る」という表現のその深い意味がわかるためにはやっぱり「仏教3.0」の視点がないと難しいんじゃないかな。

良道　まさにティク・ナット・ハン師がマインドフルネス＝ブッダと言うときは、「仏教3.0」の意識で言ってますよね。でも多くの人たちは単なるメタファーかレトリックとして浅く受け取っていて、マインドフルネスはブッダのように素晴らしいものだとか大事なことだ程度に理解しているのではないかな。

一照　良道さんのワンダルマ・メソッドにしても、僕のいまの坐禅の理解や指導法にしても、これまでの話からすると、期せずして二人は安泰寺で学んだことを出発点にしてアメリカやヨーロッパといった海外での経験を経て同じ地点に辿り着いているみたいだね。それが「仏教3.0」だと。

道元禅師が坐禅は三界の法じゃないとか、習禅じゃないとか坐禅は「不染汚（ふぜんな）の行」なんだということを繰り返し言っているのも、要するに「仏教3.0」のことを指摘していたんだと思う。僕もそういう問題意識で改めて中国の禅の語録や『正法眼蔵』を読み直して初めてそれが見えてきたからね。道元さんの著作の中にある強為や云為といった言葉に眼が向いたのもそういう読み直しの中でだった。なんだ、もうちゃんと「仏教3.0」のことを言われてたんだ、という感じ。ブッダの教えもちゃんと読んでみればもちろん「仏教3.0」なんだし。

良道　わたしもテーラワーダを通って出発点だった道元禅師に再び出会ったという気がしてます。なるほど、あれはそういうことだったのか、でも昔はそこまで全然読み取れてなかったなという思いですね。曹洞宗のお坊さんだったときに散々読んだけど正直まったく理解できなかった『正法眼蔵』をこれから「仏教3.0」というまったく新しい視点で読んでいきたいと思っています。

一照　それ、まったく同感ですよ。となると、ここ十数年で日本にも定着しつつあるヴィパッサナーやマインドフルネス、それから伝統的な坐禅についても、理論面、実践面で、これまで話してきたような「仏教3.0」の観点から根本的な洗い直しの作業をする責任というか使命が僕らにはあるよね。二〇一二年、僕は『現代坐禅講義』という本を出したんだけど、題に「現代」とつけたのは、現代という時代にちゃんとアップデートした坐禅の話をしなくては、という問題意識からだったんですよ。坐禅についていままで言われてきたことをわかりやすく言い直すだけじゃなくて、ほんの一歩でもいいから踏み込んだ表現をしようとしたんですよ。結局それは、良道さんと同じくブッダの樹下の打坐に立ち戻るということでもあるんだけど、そこでも坐禅は意識主導で行う単なるメソッドじゃないということが一つのポイントになってる。あれを書いているときはそういう表現は頭になかったけど、今から思うとまさに「仏教3.0」の坐禅の本を書こうとしていたということになるね。まだまだ書くべきことは残っているんだけど。

本来の仏教こそが「仏教3.0」だ

良道 やっぱり、われわれみたいな経路を辿った者が果たすべき役割というものがあって、それはいまの日本の主流の仏教の形骸化されたあり方（「仏教1.0」）でもなく、最近流行っているメソッド化された、自分の改善法のような仏教のあり方（「仏教2.0」）でもない、本来の仏教のあり方、つまり「仏教3.0」をいまの普通の言葉できちんとわかるように表現するということだと思うんですよ。バージョンアップ、アップデートと言うのかな、いま普通にみんなの眼に触れている仏教はまだまだ更新される必要があるから。

一照 それは僕もそう思うし、自分なりのやり方でアップデートしようと思って、現に楽しみながらやってるところです（笑）。良道さんもそうなんでしょ。

良道　実はこの間、近所の江ノ島近くの龍口寺[*21]さんへ行ってきたんですよ。知ってます？　あの場所で、日蓮さんが処刑されそうになったんです。でも結局、処刑が中止になった。そのときに、その辺にあった石の上に坐らされたという話が残っています。

一照　その石がまだあるの？

良道　あるんですよ、敷革石（しきかわいし）って呼ばれています。日蓮さんを慕う人たちによって、まずその石の上にお堂が建てられて、江戸時代になってからそれが大きなお寺になりました。で、思ったんだけど鎌倉時代なら、仏教をアップデートしようとして何かやったら、殺されかねなかった。本当にそういう時代だった。法然、親鸞、道元、日蓮。鎌倉の祖師方はみんなひどい目にあっている。その鎌倉で、まさにそういう場所で仏教をアップデートしようという話をわれわれがやったというのも何かの縁なんでしょうね。

一照　ほんとにそうだね。それに良道さんの根城のこの一法庵は極楽寺橋を渡ってすぐのところっていうのも面白いね。ここは彼岸（ひがん）に渡ったところにあるわけなんだ。青空の世界にあるってことだね。

　今回ご縁に恵まれて、こうしていろいろ話せて本当によかったよ。またしばらくそれぞれが自分の「仏教3.0」を育てながら、道を進んで行って、新しい景色が見えてきたところにまたこういう自由な語り合いができたらいいなと思う。長時間ありがとうございました。

良道　いやいや、こちらこそ楽しかったです。わたし自身無我夢中でこの三十年間走ってきたけれど、こうして最初の十年間を共有した一照さんと話し合えたことで、三十年の意味が非常に明確になりました。そしていま思うのはこれは藤田一照、山下良道という個人の歴史ではなくて、日本や世界の仏教の歴史の展開の一部だったのだということ。日蓮聖人ではないけれど「仏教をアップデート」しようと思ったとき、自分の個人的生活なんて投げ出さないとそんなことできるわけがない。投げ出したとき、何か遥かに大きなものが自分を通して展開していく。自分はその何か大きなものの「道具」にすぎないし、それでいいと思っています。

＊21―龍口寺……神奈川県藤沢市片瀬にある日蓮宗の寺院。龍ノ口法難の場所。

あとがき

「仏教3.0」をめぐるわれわれの対談を読まれて、読者の皆さんの現在の視界は如何(いかが)でしょうか。以前より全体の風景がくっきりと見えていらっしゃるなら、われわれにとってそれ以上の喜びはありません。この本の製作過程において、藤田一照さんの周りでも、わたしの周囲でもこの「仏教3.0」のアイデアを共有すると、どなたも異口同音に長年のもやもやが晴れたと言ってくださいました。その反応のよさから、われわれはかなりの自信を持ってこの本を世に送り出すことにしました。

この本のかなりの部分でわれわれの三十年の歩みの過程で、見えた風景について語っています。われわれ二人は日本の一般の人たちはもちろん、お寺の住職をされている僧侶の方たちともまったく違う道を歩いてきました。一緒に入った禅の修行道場も一風変わったところで、法衣より作業服を着ている時間が長いくらいで、田んぼや畑、山仕事に汗水をたらしていました。一年の時間差で行ったアメリカでも、マサチューセッツ州のメイプルの森の中で、またしても大地を耕しながら、週に一回はフェミニズムの牙城と言われた女子大へ行って、そこで各国からの留学生を含むアメリカの女子大生たちに坐禅を教えていました。その後二十一世紀に入りわたしはビルマの森の中の僧院で、テーラワーダの正式な比丘の生活をしました。こういったわれわれの特殊な経験だけで、皆さんがあまり聞いたことのない話をたくさんできると思いますが、それがこの本の目的ではありません。

われわれが一風変わった修行生活を続けたはてに、現在見えている風景、それを共有したかったのです。われわれは読者の皆さんが現在の日本の仏教に対してたくさんの疑問や不満をお持ちだということを、よく知っています。そのほとんどに十分正当な理由があるということも。これだけ先行きの見えない世の中で、多くの不安や心配を抱えながら生きている人たちに対して、人々を救うはずの仏教はいったい何をしているのだ、という批判を持つのは当然だと思います。現在の状況を一言で言えば、対談の中でも触れたように「いろいろ活動しているように見えても、肝心の医療行為だけは行われていない病院」になってしまっている。これはあまりにも、もったいなさすぎる。どうしてこうなってしまったのか、これを根本的に変える道筋はないのか。実はわれわれ自身がそういった状況の中で、もがき苦しんできた当事者でもありました。そうしていま、ようやく、改革の道筋が見えてきたのです。それが勿論「仏教3.0」。

この本の中で、現在の仏教の状況に対してかなり手厳しい指摘もしましたが、それは批判すること自体が目的ではありません。何かをよい方向へ変えていくことだけを目的とした提言です。自分が愛するものが、何かの理由で具合が悪くなっている。なんとかよくなって欲しいという願いを込めて正直な意見を述べさせていただきました。若いとき今で言う「仏教オタク」だったわたしは、大学を卒業するのを契機としてお坊さんにまでなってしまいました。その後も自分が大好きな坐禅を続けたくて、それができる場所を求めてアメリカへアジアへと、世界中を動き回りました。宿泊坐禅会である接心をいまだに毎月できることがうれしくてしょうがないわたしです。仏教というこれほど素晴らしいものがある。それなのに、この素晴らしさが世間にまったく知られていない。仏教という薬を必要としている人のところに、その情報すら届いていない。この不条理なほどおかしな状況を変えていきたいのです。

そのためにはまずは現状分析をしようと、お互いを一番知っている一照さんと、この三十年を振り返る作業を今年の春以来してきました。自分たちのいままでの経験と知識を共有し意見をかわすにつれて、驚くほどシンプルな構造が見えてきました。なぜいまのような状況になったのか、それを改革しようとした人たちもいたけれど、なぜその改革がうまくいかなかったのか。それを踏まえてどういう未来地図が描けるのか。今回われわれが示した現状分析の中に、たぶん皆さんがいままで仏教をめぐって経験してきたことのほとんどが含まれていると思います。それを踏まえたうえで、未来への道程を提示しましたが、それも現在の状況に基づくリアルな道筋だとご理解いただけるでしょう。

「仏教3.0」は「仏教1.0」と「仏教2.0」を排除や否定しているわけでは決してありません。「仏教3.0」自身、その二つによって構成されているのですから。仏教のすべての伝統がそこに含まれます。「仏教3.0」になって初めていままでばらばらだったものの全体像が見えてきます。お釈迦さま自身が使われた有名な喩えに、眼の不自由な人が象の一部だけを触って象とはこういうものだと主張する話があります。象の足を触った人は象とは柱のようだと言い、鼻を触った人は象とはホースのようだと言う。誰も嘘はついていないのに、結果としては間違った結論を出して、お互いに争い合ってしまう。ではどうしたらいいのか？　自分の主張はまずおいて、相手の言い分に誠実に耳を傾ける。こうして、象に関するあらゆる情報を集めたはてに見えてくるものは何でしょうか。「仏教3.0」ではいわばあらゆる象のパーツの情報が集められ、統合されることによって、そこから一頭の象が出現したようなものです。

わたしと一照さんは、最初の十年は一緒に同じ場所で修行しましたが、この二十年はそれぞれの道を歩いてきました。出会って三十年になる今年、久しぶりに根を詰めて話し、今まで集めてきた「象に関する情報」をお互いに擦り合わせると、二人の中から飛び出してきた「象」はまったく同じものだとわかりました。ということは、読者の皆さんにも同じ「仏教3.0という象」が出現する可能性が大いにあります。自分が触っている象の一部に固執するのではなく、他の人たちの意見も素直に聞いたとき、一頭の象の全体がいきなり現れるでしょう。

この対談はわたしが現在住職をしている鎌倉稲村ヶ崎にある一法庵で行われました。この一法庵はわたしが出家した直後、父親がわたしの将来のためにと建立してくれたものです。わたしが海外を回っている間は、忙しい弁護士生活の父が週末をゆっくり過ごすための庵として利用されてきました。その父も引退し、入れ替わるようにアジアから帰ってきたわたしが日本での活動の拠点として使うことになりました。この場所で、わたしの歩みを一番深く共有してきた一照さんとこうして語り合えたのも、何か深い巡り合わせなのでしょう。

もし読者の方で、この本の内容に興味を持たれ、「仏教3.0」を深く学んでゆきたいと思われたら、是非一照さんとわたしが行っている活動にご参加ください。一照さんはアメリカ各地で講演と坐禅を指導しながら、日本では神奈川県の葉山を本拠地にされています。わたしはインド、台湾、韓国などでもリトリートの指導をしていますが、日本では鎌倉の稲村ヶ崎を中心としながら、福島、名古屋、京都、沖縄でも坐禅会をしています。各地での法話は、iTunesストアを通じてポッドキャスト配信され、誰でも聞くことができます。「仏教3.0」の瞑想も二つのバージョンがあります。一照さんの教える只管打坐バージョン、わたしが教える「青空の瞑想」とも呼ぶべきワンダルマ・メソッドバージョン。どちらかお好きなほうをお選びください。到達するところはまったく同じですから。

この本ができあがるまで本当にたくさんの方にお世話になりました。まずは幻冬舎の穂原俊二さん。一照さんとわたしはお互いをよく知りすぎているので下手をすれば「内輪話」になりがちなところを、いつも「外部からの眼」の役割を穂原さんが果たしてくださいました。その結果、われわれの話は外に開かれて誰にもわかりやすくなったのではないでしょうか。そして一法庵のサンガからも、多くのフィードバックをいただきました。「仏教3.0」について何かアイデアが浮かぶたびに、毎週日曜の坐禅会の法話でまず取り上げました。いわばボールを投げると、坐禅会後のお茶会でその正直な感想が参加者から返ってきました。その過程でさらにアイデアが深まっていきました。皆さん本当にどうもありがとう。

この本は本当に多くの人たちの思いの結晶です。わたしと一照さんはその「媒介者」に過ぎません。何かわれわれを遥かに超えた大きなものが、「本」という形でこの世に出現した。その現場に立ち会えたことが、われわれはうれしくてなりません。

読者の皆さんのこれからの人生にこの本が少しでもお役に立てたなら、われわれとしてもそれ以上の喜びはありません。

合掌

二〇一三年　八月十五日

鎌倉一法庵　山下良道　スダンマチャーラ比丘

付録

坐禅のやり方

藤田一照

道元禅師いわく、

「坐禅は三界の法にあらず。仏祖の法なり」(『正法眼蔵 道心』)

「坐禅は習禅にはあらず。安楽の法門なり」(『普勧坐禅儀』)

もし坐禅がそのようなものだとすれば、それを実践するわれわれは坐禅が「三界の法(自我意識に基づく人間的営み)」や「習禅(瞑想技術の実行)」になってしまわないように細心の注意を払わなければならない。指導者が言う通りの、あるいは手引書に書いてある通りの坐禅の「やり方」をただ通り一遍にマニュアルとして受け取って「わたしが・それらの指示を・実行する」というだけでは、坐禅にはならないのである。坐禅をどのように理解しどのような態度で行うのか、どのようにしてその理解と態度をわが身心に受肉させ坐禅として体現させるのか、という一歩も二歩も踏み込んだ審細な参究がなされなければならない。そういったことの総体が坐禅なのである。

坐禅を坐禅として正しく行うということの真摯な工夫がこれまでおろそかにされていたのではないか。そのために坐禅のつもりが坐禅ではないものになっている場合が多かったのではないか。そして、その「似非坐禅」に対して「坐禅は痛いのを我慢してじっと坐るものだ」とか「坐禅は丹田呼吸法だ」とか「坐禅は無念無想になることだ」といったさまざまの誤解が貼り付けられてきた。なによりもまず、そういう通念的誤解を手放さなければ坐禅の正しい実践はおぼつかないのである。

通常、坐禅は調身（姿勢）・調息（呼吸）・調心（精神状態）という仕方で指導が行われている。その場合の「調」は「わたしが、自分の身体・呼吸・心を対象として、ある一定の方法に従って操作し、コントロールし、管理すること」という意味に理解されている。そして、それに習熟することが坐禅の修行の狙いだと考えられている。しかし、道元禅師によれば、それは強為（自意識的意思による強引な行為）の営みである習禅に他ならない。坐禅は強為ではなく云為（任運自然の動作）で行われるべきであり、その態度は「ただわが身をも心をも、はなちわすれて、仏のいへになげいれて、仏のかたよりおこなはれて、これにしたがいもてゆくとき、ちからをもいれず、こころをもつゐやさずして」（『正法眼蔵　生死』）でなければならない。

坐禅の実践ではこの線に沿っての工夫精進が進められる。そこでは体や呼吸、心はわたしの管理やコントロールの対象ではなく、坐禅の主役であり、わたしの学びの「師」なのである。したがって、調身はわたしではなく身が行い、調息は息が行い、調心は心が行う。そのとき、わたしはそういう自ずからに成っていく調のプロセスを親密に理解し味わう（appreciate）受動の立場に徹するのみである。

調身のポイントは「正身端坐」である。すなわち「左に側（そばだ）ち、右に傾き、前に躬（くぐま）り、後（しりへ）に仰ぐことを得ざれ。耳と肩と対し、鼻と臍と対せしめんことを要す」（『普勧坐禅儀』）という条件を満たすように体幹の軸を重力の方向と一致させて坐ることである。そのためには余計な緊張（人間的力み）を極力落として内的感受性を高め、身体感覚を手掛かりとしてより「安らかで楽な」姿勢をその都度新鮮に探求していくのである。すでに決められた理想の姿勢を外側から一律に鋳型にはめるように体に押しつけるのではなく、花が外側の条件と折り合いながら内側から自由に開いていくように、身心が自前の姿勢調整機能を発揮して内側から姿勢が調っていくことを許すのだ。眼・耳・鼻・舌という感覚器官をリラックスさせ繊細に働かせて、外界からの情報をうまく内界の情報（身・意）と統合して調身の糧として活かしていく。坐禅は決して外界を遮断して内的世界へ沈潜するような孤立的営みではない。むしろ尽一切との本来的繋がりへと自らを開いていくことなのである。

調息については道元禅師は「鼻息微通」としか言っていない。これで必要かつ十分だからである。正身端坐が成立していれば、息は自ずと調い「鼻から出入りする空気の流れが全身を隠れ行くかのように微かな感覚として感じられている」のである。これ以上の記述をすればそういう息になろうとして、余計なことをしてしまう者が出てくるだろう。息を数えたり、多様な経験内容から特に呼吸だけを取り出してそれにことさらに集中したり、意図的に腹式（丹田）呼吸にしようとしたり、吐く息を長くしようとしたり、そういった人為的操作（呼吸法）は一切加えない。身心にもともと備わっている呼吸のメカニズムに任せて、あるがままの息にただ親しんでおればよい。そういうコントロールの手を出さない、つつましやかな深い気づきが自ずと息の改善を促していくのである。

調心のポイントは「長空不礙白雲飛（長空は白雲の飛ぶを礙（さまたげ）ず）」、つまり自然と浮かんでは消えていく思いに執着もせずまたそれを邪魔にもせず、ひろびろとした大空のような態度で、追わず払わず、思いの起滅をそのままにしておくのである。実は、この態度が具現したのが正身端坐に他ならないから、正身端坐を誠実に守ることがとりもなおさず「思いの手放し」なのである。正身端坐と別に思いの手放しを「する」

のではない。仏教では眼耳鼻舌身意と言うように心もまた感覚作用（根）であり、思いやイメージをその対象（境）とする。坐禅中は、眼根に触れては去っていく色（形）を追ったり払ったりせずにそのままにしているように、また耳根に触れては去っていく声（音）もそのままにしているように、意根に触れては去っていく思いやイメージも現れるまま消え去るままにしておくのである。ただ、普段のわれわれは思いと自分を同一化しているために、なかなかそれができない。気がつくと思いをつかみ握りしめているのだ。考え事というのは思いをつかんだ手をますます握りしめていくことに他ならない。これは必然的に身心の緊張となって正身端坐を崩すことになる。もちろん居眠りもまた正身端坐を崩す。坐禅における努力というのは、居眠り、あるいは考え事に陥って正身端坐の坐相が崩れたら（考え事をすれば坐相が凝り、居眠りすれば坐相に気が抜ける）、そのつど新鮮に坐相を正し続けることに他ならない。坐相を正すことによって、結果的に思いが手放され、居眠りから覚めるのである。それは思いや居眠りを相手取って敵として直接に退治することとは異なる。

いま、便宜的に調身・調息・調心を分けて論じたが坐禅の実際においては、この三つは不可分一体であり、調身によって調息が行われ、調心されると言うべきである。そのような全一的な調身＝坐相の調え方を学んでいかなければならない。しかし、それはマニュアルに従って意識主導のもとに一定の技術を身につけるのとは次元を異にした、「身・息・心のありのままの状態を繊細に感じ、そこから生起してくる自然で微細な変化を許す」という終わりのない学びの道である。坐禅の本当の難しさ、そして醍醐味はそこにこそあると言えるだろう。

＊坐禅実践の詳細についてさらに知りたい方は左記の文献を参考にされたい。
内山興正『坐禅の意味と実際』大法輪閣
藤田一照『現代坐禅講義　只管打坐への道』佼成出版社

青空の瞑想　ワンダルマ・メソッド

山下良道

瞑想とは何か。

それは思いの手放し。思いとは、われわれが一日中していること。朝から晩までわれわれは何かを考えている。明日の予定を考え、昨日のあの出来事を思い出している。楽しいことも、悲しいこともある。でもいつも伏流のように、漠然とした不安、満たされなさ、後悔、いらいら感が存在している。もうそれが当たり前になっているから、それを異常とは思わない。人生とはこんなものだと思っている。時に激しい怒りが湧いてくる。時に強い欲望も湧いてくる。でもその怒りに任せ、欲望に突き動かされると、後からひどい目にあうとすでに知っているから、それを適当に誤魔化しながら社会生活を送っている。自分にはこの先もうそんなに輝かしいことが起こらないこともわかっている。とにかく最悪のことだけでも避けられたらそれでよし。

このような生活のどこに自由があるのだろう。世間の基準では普通の生活だが、瞑想の立場からいうと牢獄である。世間の刑務所に収監された人は、自分は囚人であることを自覚している。でもこの「牢獄」の特徴は、中にいる人が自分は囚人だという自覚を持たないこと。それは牢獄の外の世界を知らないから。生まれてから一度も外の空気を吸ったことがないから。瞑想の難しさは、瞑想の技術の問題ではない。肉体的痛みの辛さでもない。囚人に自分が囚人だと自覚を持ってもらうことの難しさ。そして同時に、その長い間閉じ込められていた牢獄から、一瞬のうちに出て行けるのだという自信を持ってもらうことの難しさ。

牢獄から出る。最初に必要なのは、たった一つ。自分が囚人であることの自覚。次に必要なのは、何がこの牢獄を作っているかの洞察。最後に必要なのは、牢獄を作っているものを手放していく勇気と努力。

自分の心を去らないあの不安について考えてみよう。あのことが不安で不安でしょうがない。あのことが不安の原因だと思うので、それを何とか取り除こうとあらゆることを自分はやってきた。でも不安が去らない。まだ取り除き方が足りないのか？もっと取り除けばわたしは不安から自由になれるのか？　どうもそうではないことを自分は知っている。やってもやっても泥沼に落ちていくのを感じるから。ちっとも不安が減らないことはもうわかっているから。

牢獄を作っているものとは何か？　それはわれわれの思いそのもの。英語で言うとシンキング・マインド（thinking mind）。これがわれわれの不安の根本原因。この本当の原因を知ることなしに、原因ではないものを原因と思い込み、その偽の原因をどんなに取り除いても不安は去らなかった。でも真の原因であるシンキング・マインドを手放したら、一瞬のうちに不安は消える。この経験を積み重ねていけば、もう迷わない。

ではシンキング・マインドをどう手放せばいいのか？　手放そうとがんばれば、再びエゴの陥穽に落ちていく。自然に手放せる方法が必要である。それはすでに二千五百年も前にお釈迦さまから与えられていた。一法庵ではそれをワンダルマ・メソッドとしてまとめている。

ワンダルマ・メソッドは三種の瞑想で構成されている。

1　体の微細な感覚を見る瞑想

その最初の方法とは自分の体の感覚を見ること。不思議なインストラクションである。自分の体が痛いとかかゆいとか快いとかは、普段でもすでに感じているのだから、何をいまさらわざわざ見なければいけないのか？

ここで言う体の感覚とは、微細な感覚のこと。痛みや快感などの粗い感覚に隠れて普段は見えなかったものが心が静まれば見えてくる。その微細な感覚をもっと深く感じていけば、自然とシンキング・マインドは脱落していく。がんばって手放そうという不自然な努力をしなくても、ただ手放されていく。そのためには、まずは右の手のひらに注意を向ける。わたしのためにあらゆることをしてくれたのに、一度も感謝せずにいた右の手のひらを、いまはただ内側から感じる。不思議なことが起こる。いままで何もないと思っていた場所に、たくさんのものが躍動しているのがわかってくる。手のひらの表面にぴりぴりした感覚が現れ、やがては内へ広がっていく。物質的な体の中にエネルギーのフィールドが出現する。それを体全体に広げていくと自分の体は溶けていく。これが自分の体だと思っていたものが、すべて幻想だったとわかる。体の内と外の境がなくなり、自分の体はもともと宇宙の一部であった。牢獄はもうない。

2　慈悲の瞑想

とはいえ、自分の中には囚人だった長い年月に染まってしまった悪い癖がたくさん残っている。まるでこんがらがったひものように、解けない結び目が心の中にできている。ある人のことを思い出したとき、一瞬のうちにその人から投げつけられた侮辱の言葉が甦り、ネガティブなエネルギーが湧き起こってくる。この悪い習慣を浄化する唯一のものが慈悲である。その慈悲は、シンキング・マインドが手放された、あの牢獄の外に広がる世界の本質。いわば青空からの視線。その視線をあらゆる人に投げかけていく。まずは自分、次に愛する人、好きでも嫌いでもない赤の他人、そして苦手な人たち。この四つのグループを青空から見れば、隔てていた壁がなくなり、自分とその人たちとの間に積み重ねられた汚れが一瞬で浄化されていく。自分の心に最後に残ったのはこの願いのみ。

生きとし生けるものが幸せでありますように。苦しみから解放されますように。

3　呼吸瞑想

そのとき、自分を苦しめていた心の中の暴れ馬はもういない。その馬に行き先も告げられずにどこかに連れ去られることはもうない。暴れ馬が去った静寂の中で、自分の呼吸に注意を向ければ、吸っている息、吐いている息がただ見えてくる。すべてのもののあるがままの姿が現れてくる。それを観察している自分はもういない。

青空に帰る。

自分の中に、自分の外に青空が広がる。すべての苦しみは、青空を忘れてしまったところから起こった。青空を再び自覚したいま、もう苦しみは根っ子から断ち切られている。青空にただ帰依をする。それが「青空の瞑想」。

*詳しい方法は、日本各地、インド、台湾、韓国で行われている一法庵主催の瞑想会、接心に参加してくだされば体験できます。そこでは「青空のヨーガ」も同時に学べます。

参考文献

ブッダ　ブッダのことば　スッタニパータ　岩波文庫　1958
ブッダの真理のことば　感興のことば　岩波文庫　1978
グレゴール・メーレ　現代人のためのヨーガ・スートラ　産調出版　2009
内山興正　自己　大法輪閣　2004
坐禅の意味と実際　大法輪閣　2003
キャロライン・ブレイジャー　自己牢獄を超えて　仏教心理学入門　コスモス・ライブラリー　2006
ケネス・タナカ　アメリカ仏教　仏教も変わる、アメリカも変わる　武蔵野大学出版会　2010
ウィリアム・ハート　ゴエンカ氏のヴィパッサナー瞑想入門　春秋社　1999
ジョン・カバット・ジン　マインドフルネスストレス低減法　北大路書房　2007
アルボムッレ・スマナサーラ　現代人のための瞑想法　サンガ　2007
ソギャル・リンポチェ　チベットの生と死の書　講談社　1995
ティク・ナット・ハン　ブッダの〈気づき〉の瞑想　新泉社　2011
ブッダの〈呼吸〉の瞑想　野草社　2012
禅への鍵　春秋社　2011
道元　正法眼蔵　岩波文庫　1990

正法眼蔵随聞記　岩波文庫　１９８２
藤田一照　現代坐禅講義　只管打坐への道　佼成出版社　２０１２
ブッダゴーサ　清浄道論2　南伝大蔵経　第63巻　大正新脩大蔵経刊行会　１９７４
マハーシ長老　気づきと智慧のヴィパッサナー瞑想　サンガ　２０１２
ラリー・ローゼンバーグ　呼吸による癒し　春秋社　２００１
Pa-Auk Sayadaw　Knowing and Seeing　http://www.buddhanet.net/pdf_file/know-see.pdf
山下良道のホームページ　http://www.onedhamma.com/

著者略歴

藤田一照（ふじたいっしょう）

一九五四年愛媛県生まれ。曹洞宗国際センター所長。東京大学大学院教育心理学専攻博士課程を中途退学し、曹洞宗僧侶となる。八七年よりアメリカのヴァレー禅堂で禅の指導を行う。著書に『現代坐禅講義』、共著書に『あたらしいわたし』（ともに佼成出版社）、訳書にティク・ナット・ハン『禅への鍵』など多数。ＮＨＫ「こころの時代」に出演、反響を呼ぶ。

山下良道（やましたりょうどう）

一九五六年東京都生まれ。スダンマチャーラ比丘。鎌倉一法庵住職。東京外国語大学仏語科卒業後、曹洞宗僧侶となる。八八年、アメリカのヴァレー禅堂で布教、のち京都曹洞禅センター、渓声禅堂にて坐禅指導を行う。二〇〇一年ミャンマーにて比丘となり、日本人として初めてパオ瞑想メソッドを修了。現在は鎌倉一法庵を拠点として、日本各地、インド、台湾、韓国などで坐禅瞑想指導を行う。
http://www.onedhamma.com/

幻冬舎新書 320

アップデートする仏教

二〇一三年九月三十日　第一刷発行
二〇二一年八月二十日　第五刷発行

著者　藤田一照＋山下良道
発行人　見城 徹
編集人　志儀保博
発行所　株式会社 幻冬舎
〒一五一-〇〇五一 東京都渋谷区千駄ヶ谷四-九-七
電話 〇三-五四一一-六二一一（編集）
〇三-五四一一-六二二二（営業）
振替 〇〇一二〇-八-七六七六四三
ブックデザイン 鈴木成一デザイン室
印刷・製本所 中央精版印刷株式会社

ISBN978-4-344-98321-2 C0295
ふ-12-1
幻冬舎ホームページアドレス http://www.gentosha.co.jp/
*この本に関するご意見・ご感想をメールでお寄せいただく場合は、comment@gentosha.co.jpまで。

幻冬舎新書

横山紘一
十牛図入門
「新しい自分」への道

牧人が牛を追う旅を、10枚の絵で描いた十牛図は、悟りを得るための禅の入門図として、古くから親しまれてきた。あなたの人生観が深まり、生きることがラクになる10枚の絵の解釈とは？

横山紘一
阿頼耶識（あらやしき）の発見
よくわかる唯識（ゆいしき）入門

唯識とは、『西遊記』で有名な玄奘三蔵が伝えた仏教思想の根本で、「人生のすべては、心の中の出来事にすぎない」と説く。心の最深部にあるのが〈阿頼耶識〉。それは「心とは何か」を解明する鍵だ。

森政弘
親子のための仏教入門
我慢が楽しくなる技術

子供に我慢させるのは何より難しい。大人でも難しい「我慢」だが、仏教が説く「無我」を知れば、生きる楽しさがわかる。ロボット工学者が、宗教家と違う視点で解説した本当に役立つ仏教入門。

正木晃
密教的生活のすすめ

宗教学をわかりやすく解説することで知られる著者が、密教の修行法の中から一般人でも簡単に実践でき、確実に効果のあるものを選び、やさしく解説する。体と心が変わる密教的生活のすすめ!!

幻冬舎新書

丘山万里子

ブッダはなぜ女嫌いになったのか

ブッダの悟りは息子を「邪魔者」と名付け、妻子を捨て去ることから始まった。徹底した女性への警戒心、嫌悪感はどこからきたのか。実母、義母、妻との関わりから見えてくる、知られざる姿。

島田裕巳

浄土真宗はなぜ日本でいちばん多いのか

仏教宗派の謎

多くの人は、親の葬儀を営む段になって初めて自らの宗派を気にするようになる。だが、そもそも宗派とは何か。歴史上どのように生まれたのか。日本の主な宗派をわかりやすく解説した。

中村仁一　久坂部羊

思い通りの死に方

現役医師2人が、誰も本当のことを言わない高齢者の生き方・老い方・逝き方を赤裸々に語り合った。医者の多くがなぜがんになるのか？　大往生は可能なのか？　等々、生死の真実がわかる。

丸山学

先祖を千年、遡る

名字・戸籍・墓・家紋でわかるあなたのルーツ

日本人の90％が江戸時代、農民だったとされるが、さらに平安時代まで千年遡ると、半数は藤原鎌足にルーツがあるという。先祖探しのプロが、自分自身の謎を解く醍醐味とその具体的手法を伝授。

中村仁一
大往生したけりゃ医療とかかわるな
「自然死」のすすめ

数百例の「自然死」を見届けてきた現役医師である著者の持論は、「死ぬのはがんに限る。ただし治療はせずに」。自分の死に時を自分で決めることを提案した画期的な書。

木谷恭介
死にたい老人

老いて欲望が失せ、生きる楽しみが消えたとき、断食して自死すると決意。だが、いざ始めると、食欲や胃痛に悩まされ、終いには死への恐怖が！　死に執着した83歳小説家の、52日間の断食記録。

島田裕巳
葬式は、要らない

日本の葬儀費用はダントツ世界一の231万円。巨大な祭壇、生花、高額の戒名は本当に必要か。古代から最新事情までをたどり、葬式とは何か、どうあるべきかまでを考察した画期的な1冊。

島田裕巳
戒名は、自分で決める

戒名料の相場は約40万円――たった10文字程度の死後の名前が高額なのはなぜか？　戒名という制度を解説し、俗名で葬られること、いっそ自分でつけることまで提唱した新時代の死の迎え方。

幻冬舎新書

伊東乾
人生が深まるクラシック音楽入門

いくつかのツボを押さえるだけで無限に深く味わえるクラシックの世界。「西洋音楽の歴史」「楽器とホールの響きの秘密」「名指揮者・演奏家の素顔」などをやさしく解説。どんどん聴きたくなるリストつき。

杉山修一
すごい畑のすごい土
無農薬・無肥料・自然栽培の生態学

農薬使用を前提に品種改良された日本のリンゴを、農薬も肥料も使わずに作る方法を見つけた農家・木村秋則。彼の畑を研究する学者が「自然栽培」の驚異のメカニズムをわかりやすく解説。

田中修
植物のあっぱれな生き方
生を全うする驚異のしくみ

暑さ寒さをタネの姿で何百年も耐える。光を求めてがんばり、よい花粉を求めて婚活を展開。子孫を残したら、自ら潔く散る——与えられた命を生ききるための、植物の驚くべきメカニズム！

倉阪鬼一郎
怖い俳句

世界最短の詩文学・俳句は同時に世界最恐の文芸形式でもある。短いから言葉が心の深く暗い部分にまで響く。ホラー小説家・俳人の著者が、芭蕉から現代までをたどった傑作アンソロジー。

幻冬舎新書

小谷野敦
21世紀の落語入門

「聴く前に、興津要編のネタ集『古典落語』を読むとよく分かる」「寄席へ行くより名人のCD」「初心者は志ん朝から聴け」……ファン歴三十数年の著者が、業界のしがらみゼロの客目線で楽しみ方を指南。

大栗博司
重力とは何か
アインシュタインから超弦理論へ、宇宙の謎に迫る

私たちを地球につなぎ止めている重力は、宇宙を支配する力でもある。「弱い」「消せる」など不思議な性質があり、まだその働きが解明されていない重力。最新の重力研究から宇宙の根本原理に迫る。

五木寛之
下山の思想

どんなに深い絶望からも、人は起ち上がらざるを得ない。だが敗戦から登頂を果たした今こそ、実り多き明日への「下山」を思い描くべきではないか。人間と国の新たな姿を示す画期的思想!!

島田裕巳
日本の10大新宗教

創価学会だけではない日本の新宗教。が、そもそもいつどう成立したか。代表的教団の教祖誕生から社会問題化した事件までを繙きながら、日本人の精神と宗教観を浮かび上がらせた画期的な書。